CONTEÚDO DIGITAL PARA ALUNOS

Cadastre-se e transforme seus estudos em uma experiência única de aprendizado:

1

Entre na página de cadastro:

https://sistemas.editoradobrasil.com.br/cadastro

2

Além dos seus dados pessoais e dos dados de sua escola, adicione ao cadastro o código do aluno, que garantirá a exclusividade do seu ingresso à plataforma.

4430160A3174473

3

Depois, acesse:

https://leb.editoradobrasil.com.br/
e navegue pelos conteúdos digitais de sua coleção **:D**

Lembre-se de que esse código, pessoal e intransferível, é valido por um ano. Guarde-o com cuidado, pois é a única maneira de você acessar os conteúdos da plataforma.

CB037116

Editora do Brasil

BRINCANDO COM OS NÚMEROS

ORGANIZADORA: EDITORA DO BRASIL

4

ENSINO
FUNDAMENTAL

5ª EDIÇÃO
SÃO PAULO, 2020

**Editora
do Brasil**

Dados Internacionais de Catalogação na Publicação (CIP)
(Câmara Brasileira do Livro, SP, Brasil)

Brincando com os números, 4 : ensino fundamental /
organização Editora do Brasil. -- 5. ed. --
São Paulo : Editora do Brasil, 2020. --
(Brincando com)

ISBN 978-85-10-08322-5 (aluno)
ISBN 978-85-10-08323-2 (professor)

1. Matemática (Ensino fundamental) I. Série.

20-38452   CDD-372.7

Índices para catálogo sistemático:

1. Matemática : Ensino fundamental   372.7

Maria Alice Ferreira - Bibliotecária - CRB-8/7964

Direção-geral: Vicente Tortamano Avanso

Direção editorial: Felipe Ramos Poletti
Gerência editorial: Erika Caldin
Supervisão de arte: Andrea Melo
Supervisão de editoração: Abdonildo José de Lima Santos
Supervisão de revisão: Dora Helena Feres
Supervisão de iconografia: Léo Burgos
Supervisão de digital: Ethel Shuña Queiroz
Supervisão de controle de processos editoriais: Roseli Said
Supervisão de direitos autorais: Marilisa Bertolone Mendes

Supervisão editorial: Rodrigo Pessota
Edição: Maria Amélia de Almeida Azzellini e Katia Simões de Queiroz
Assistência editorial: Juliana Bomjardim, Viviane Ribeiro e Wagner Razvickas
Especialista em copidesque e revisão: Elaine Silva
Copidesque: Gisélia Costa, Ricardo Liberal e Sylmara Beletti
Revisão: Andréia Andrade, Amanda Cabral, Fernanda Almeida, Fernanda Sanchez, Flávia Gonçalves, Gabriel Ornelas, Jonathan Busato, Mariana Paixão, Martin Gonçalves e Rosani Andreani
Pesquisa iconográfica: Daniel Andrade
Assistência de arte: Daniel Campos Souza e Erica Bastos
Design gráfico: Cris Viana
Capa: Megalo Design
Edição de arte: Samira de Souza
Imagem de capa: Elvis Calhau
Ilustrações: Alexander Santos, Anderson Cássio, Brambilla, Camila Hortencio, Carlos Jorge, Clarissa França, Claudia Marianno, Claudinei Fernandes, Danillo Souza, Denis Cristo, Desenhorama, Eduardo Belmiro, Érik Malagrino, Estúdio Mil, Flip Estudio, Hélio Senatore, Henrique Jorge, Ilustrarte, José Wilson Magalhães, Kanton, Kau Bispo, Lilian Gonzaga, Mario Pita, Marco Cortez, Rodrigo Alves, Reinaldo Vignati, Ronaldo César, Saulo Nunes Marques e Selma Caparroz
Produção cartográfica: DAE (Departamento de Arte e Editoração)
Editoração eletrônica: Adriana Tami Takayama, Armando F. Tomiyoshi, Bruna Pereira de Souza, Elbert Stein, Mario Junior, Viviane Yonamine e Wlamir Miasiro
Licenciamentos de textos: Cinthya Utiyama, Jennifer Xavier, Paula Harue Tozaki e Renata Garbellini
Controle de processos editoriais: Bruna Alves, Carlos Nunes, Rita Poliane, Terezinha de Fátima Oliveira e Valéria Alves

5ª Edição / 4ª Impressão, 2023
Impresso na Gráfica Elyon

abdr
Respeite o direito autoral

ASSOCIAÇÃO
BRASILEIRA
DOS DIREITOS
REPROGRÁFICOS

Editora do Brasil

Rua Conselheiro Nébias, 887
São Paulo, SP – CEP: 01203-001
Fone: +55 11 3226-0211
www.editoradobrasil.com.br

APRESENTAÇÃO

Querido aluno,

Este livro foi escrito especialmente para você, pensando em seu aprendizado e nas muitas conquistas que virão no futuro!

Ele será um grande apoio na busca do conhecimento. Utilize-o para aprender cada vez mais na companhia de professores, colegas e de outras pessoas de sua convivência.

A matemática oferece muito para você. Com ela, você explora o mundo, percebe o espaço a sua volta, conhece formas e cores, e ainda resolve problemas. Uma infinidade de conhecimentos está por vir e queremos guiá-lo passo a passo nessa jornada!

Com carinho,
Equipe da Editora do Brasil

SUMÁRIO

1 Pinte a camiseta de cada criança da fila conforme as dicas a seguir.

- A menina que veste uma camiseta azul está logo atrás da menina que está de camiseta preta.

- A última menina da fila usa uma camiseta rosa.

- A menina de camiseta laranja está atrás da que veste camiseta azul.

- A menina de camiseta vermelha está entre a que está de camiseta laranja e a última menina da fila.

Claudia Marianno

2 Complete os desenhos, de modo que haja simetria em relação à linha **vermelha**.

Ilustrações: Claudia Marianno

a)

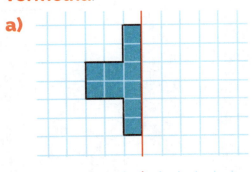

c)

b)

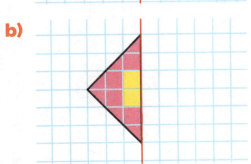

d)

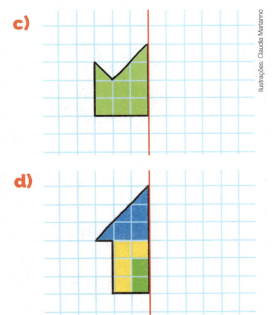

1

3 Observe as retas *r* e *s*.

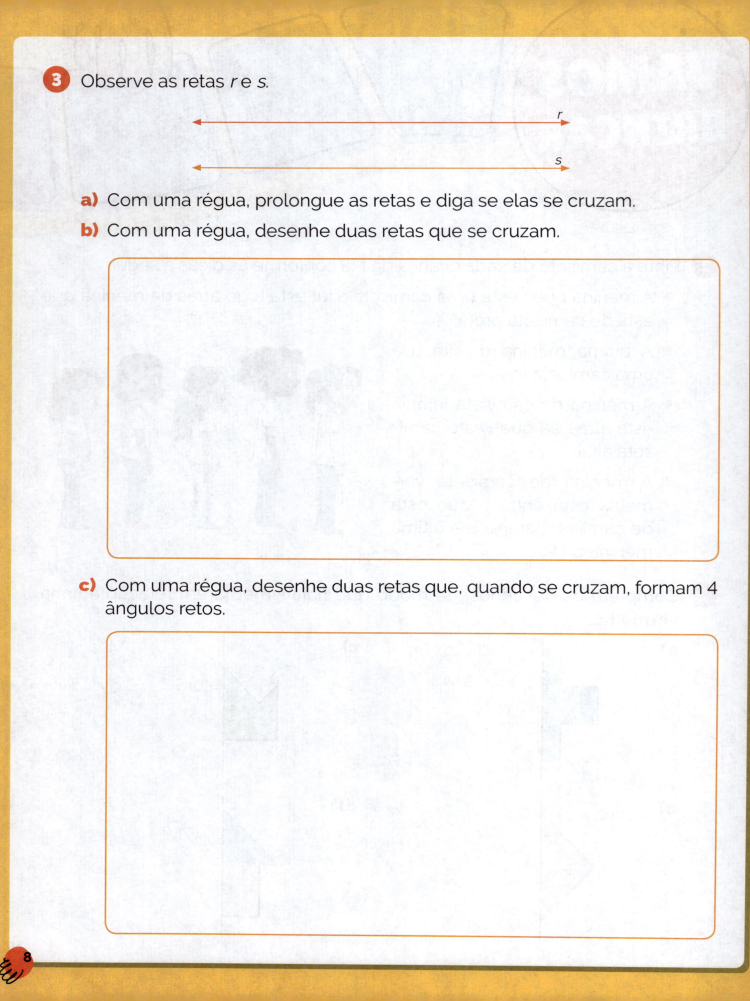

a) Com uma régua, prolongue as retas e diga se elas se cruzam.

b) Com uma régua, desenhe duas retas que se cruzam.

c) Com uma régua, desenhe duas retas que, quando se cruzam, formam 4 ângulos retos.

4 Agora é hora do jogo "soma das maiores centenas".

Como jogar

1. Os alunos devem se organizar em trios e confeccionar 10 cartas numeradas de 0 a 9.
2. As cartas devem ser viradas para baixo e embaralhadas.
3. Os três jogadores devem virar uma carta cada um ao mesmo tempo.
4. Em seguida, cada jogador anota na tabela abaixo o maior número que pode ser formado com as três cartas viradas sobre a mesa.

	Jogador 1	Jogador 2	Jogador 3
Jogada 1			
Jogada 2			
Jogada 3			
Total			

A imagem mostra o maior número que pode ser formado, por exemplo, com as cartas 1, 3 e 9.

Número formado: 931.

5. Cada partida é composta de 3 jogadas. Após cada jogada, deve-se embaralhar as cartas novamente.
6. Ao final da partida os alunos devem somar os números que formaram em cada jogada.
7. Vence a partida o jogador que anotou corretamente o maior número formado em cada jogada e que obteve a soma correta das centenas mais rapidamente.

5 O Tangram é um quebra-cabeça composto de 7 peças que representam figuras geométricas planas.

Kolongko/Shutterstock.com

Complete as lacunas a seguir com o nome das figuras que formam o Tangram.

2 _____ grandes

1 _____ médio

2 _____ pequenos

1 _____ médio

1 _____ médio

6 Utilizando uma régua, desenhe um paralelogramo formado com 3 peças do Tangram.

7 Desenhe e pinte nos quadros os sólidos geométricos com os quais esses objetos se parecem. Em seguida, escreva o nome dos sólidos.

Objeto	Desenho	Nome do sólido geométrico
Poparic/Shutterstock.com		
Boris Medvedev/Shutterstock.com		
Dario Lo Presti/Shutterstock.com		
S U N/Shutterstock.com		
Julija Lavrinaite/Shutterstock.com		

8 Agora vamos utilizar a calculadora.

Sem teclar no número 9 e utilizando as operações de adição, subtração, multiplicação e divisão, faça aparecer no visor da calculadora o número 629. Tente usar a menor quantidade de passos possível.

Escreva, passo a passo, um roteiro do que fez. Em seguida, troque de livro com um colega e verifique o roteiro feito por ele.

_____

_____

_____

_____

_____

_____

9 Escreva a hora representada nos relógios analógicos a seguir.

a)

_____

c)

_____

b)

_____

d)

_____

10 Marcela e Joana foram ao cinema assistir a um filme. A sessão iniciou-se às 15h30 e terminou às 17h20.

a) Desenhe nos relógios abaixo os ponteiros para registrar o horário de início da sessão e o término dela.

Início da sessão

Término da sessão

b) Quanto tempo durou a sessão?

_____

11 Complete as frases abaixo com as transformações das medidas.

a) 1 h = _____ min

b) 120 min = _____ h

c) 1 m = _____ cm

d) 500 cm = _____ m

e) 1 kg = _____ g

f) 1 g = _____ mg

12 Em uma lanchonete, são vendidos 30 litros de suco de laranja por dia. Quantos litros serão vendidos em:

a) 4 dias? _____

c) 15 dias? _____

b) uma semana? _____

d) 2 meses? _____

13 Na escola de Juliane, foi feita uma votação com todos os alunos do 4º ano para escolher a cor do novo uniforme do time.

Observe a tabela com o número de votos para as opções de cor.

Cor preferida pelos alunos do 4º ano para o novo uniforme dos times					
Cor	**Vermelho**	**Azul**	**Laranja**	**Preto**	**Verde**
Número de alunos	15	16	10	21	13

Fonte: Dados fictícios.

a) Com base nas informações da tabela, complete o gráfico de barras.

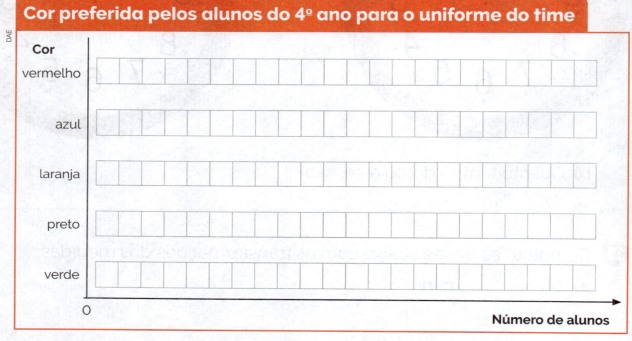

Fonte: Dados fictícios.

b) Qual foi a cor que apresentou a maior frequência nessa pesquisa, ou seja, que recebeu o maior número de votos?

_____

c) E qual foi a cor que apresentou a menor frequência na pesquisa?

_____

d) Quantos alunos participaram da pesquisa?

_____

14

NÚMEROS

Os números estão presentes em diversas situações de nossa vida. Podemos utilizá-los para contar, medir, ordenar e codificar.

Observe a seguir alguns exemplos de uso dos números.

Medir.

Codificar.

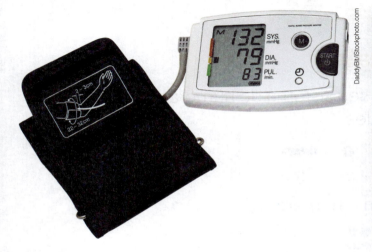

Medir.

Ordenar.

Os antigos sistemas de numeração

Antigamente, outros povos também criaram seus sistemas de numeração, diferentes do que utilizamos atualmente.

Sistema de numeração egípcio

Os egípcios, uma das civilizações mais antigas da humanidade, usavam os seguintes símbolos para representar os números:

| 1 | 10 | 100 | 1000 | 10 000 | 100 000 | 1 000 000 |

Ilustrações: Carlos Jorge

Ao observar os valores atribuídos a esses símbolos, percebemos que cada símbolo equivale a 10 vezes o anterior. Por exemplo:

equivale a

Ilustrarte

> ### SAIBA MAIS
>
> Para representar um milhão, os egípcios desenhavam um homem com as mãos levantadas para o céu. Uma das explicações era que a grandeza desse número impunha respeito, por isso o relacionavam com a imensidão do céu.

Sistema de numeração maia

A antiga civilização maia construiu seu sistema de numeração organizando as quantidades em grupos de 5 unidades.

| 0 | 1 | 5 |

Observe como eles representavam o número 13:

Sistema de numeração romano

Os antigos romanos desenvolveram um sistema de numeração em que os números eram representados por sete letras maiúsculas do alfabeto, cada uma com um valor.

I	V	X	L	C	D	M
1	5	10	50	100	500	1000

A representação de um número nesse sistema deve obedecer a algumas regras, que já foram estudadas no 3º ano. Vamos relembrá-las.

- Os símbolos I, X, C, M podem ser repetidos até três vezes, indicando uma adição.
- Quando os símbolos I, X, C são colocados à direita de outros de maior valor, adicionamos os valores.
- Quando os símbolos I, X, C são colocados à esquerda de outros de maior valor, subtraímos o menor valor do maior.
- Um traço horizontal sobre um ou mais símbolos multiplica seu valor por 1000.

Veja a representação de alguns números romanos.

I = 1	**VI** = 6	**L** = 50	**D** = 500
II = 2	**IX** = 9	**LXXX** = 80	**DCC** = 700
III = 3	**XVIII** = 18	**XC** = 90	**CM** = 900
IV = 4	**XX** = 20	**C** = 100	**M** = 1000
V = 5	**XL** = 40	**CCC** = 300	**$\overline{\text{IV}}$** = 4000

Atualmente, os números romanos são empregados em alguns mostradores de relógio, na numeração dos capítulos de alguns livros, nos volumes de algumas coleções e para ordenar e diferenciar reis e papas que têm o mesmo nome.

karnaval2018/Shutterstock.com

1 Decomponha os números a seguir e, depois, represente-os usando símbolos romanos.

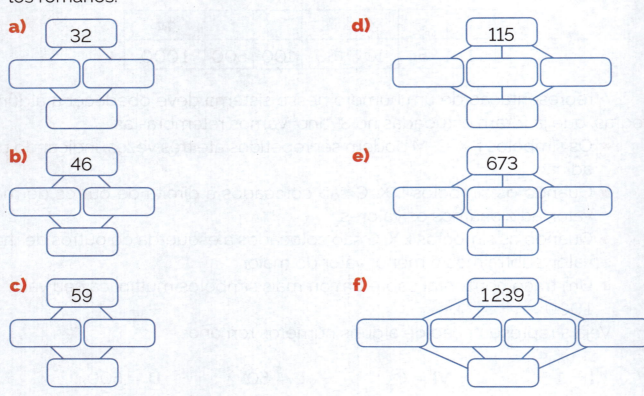

a) 32

b) 46

c) 59

d) 115

e) 673

f) 1239

2 Quando Roberto saiu hoje, o relógio de sua casa, à esquerda, marcava o seguinte horário:

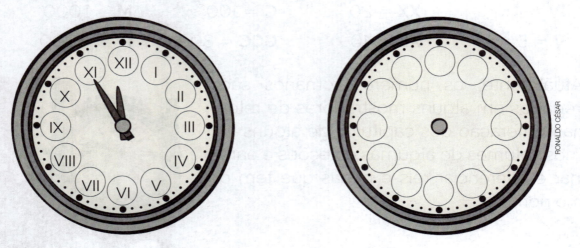

RONALDO CÉSAR

Roberto retornou depois de 1 hora e meia para casa, que horas marcava o mesmo relógio? Indique o horário desenhando os ponteiros no relógio à direita.

3 Dois números foram representados por meio de um ábaco e de um conjunto de cubinhos, barra e placas do Material Dourado. Escreva esses números utilizando o sistema de numeração egípcio.

a)

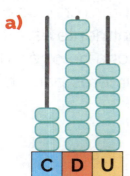

_____

b)

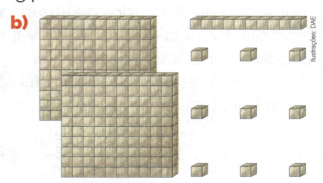

_____

4 Complete a sequência de 0 a 11 utilizando o sistema de numeração maia.

0	1	2	3	4	5	6	7	8	9	10	11
━		••			—						≐

> **! SAIBA MAIS**
>
> Al-Khwarizmi foi um matemático e astrônomo que viveu no século IX e é considerado o pai da Álgebra. Em seus livros, Al-Khwarizmi criou novas maneiras de solucionar problemas matemáticos. O nome de seu livro mais importante, _Al-jabr Wa'l muqabalah_, deu origem à palavra **álgebra**. E seu nome, Al-Khwarizmi, deu origem à palavra **algarismo**.
>
> Carl B. Boyer. _História da Matemática._ 2. ed. São Paulo: Blücher, 2005. p. 156.

Sistema de numeração indo-arábico

No sistema de numeração que utilizamos, os números são representados por símbolos chamados de **algarismos indo-arábicos**. Eles foram criados e desenvolvidos pela Civilização do Vale do Indo, região onde atualmente está localizado o Paquistão. Posteriormente, foram divulgados na Europa pelos árabes.

Com os algarismos indo-arábicos podemos compor números para representar qualquer quantidade.

Um número pode ser formado por um, dois, três, quatro ou mais algarismos. Exemplos:

7	⟶	um algarismo
35	⟶	dois algarismos
222	⟶	três algarismos
2108	⟶	quatro algarismos

Os números que utilizamos para contar são chamados de **números naturais**.

Veja os exemplos.

Nas mãos, temos dez dedos.

Que bom, já li cinco livros!

Ilustrações: Danillo Souza

Os números naturais representam uma sequência infinita que se inicia no zero, e a cada número acrescenta-se uma unidade para obter o próximo.

0, 1, 2, 3, 4, 5, 6, 7, 8, 9, 10, 11, 12, 13, ...

ATIVIDADES

1 Os números a seguir são formados por quantos algarismos?

a) 5 ⟶ _____

b) 2045 ⟶ _____

c) 367 ⟶ _____

d) 10 ⟶ _____

e) 0 ⟶ _____

f) 60296 ⟶ _____

2 Escreva os números da **atividade 1**, do menor para o maior.

_____

3 Usando os algarismos 4, 7, 2 e 1, faça o que se pede.

a) Escreva todos os números possíveis com esses 4 algarismos sem repeti-los, do maior para o menor.

_____

_____

b) Escreva o maior número par que pode ser formado com esses 4 algarismos.

_____

4 Determine o maior número formado por 5 algarismos distintos.

_____

5 Determine o menor número ímpar formado por 5 algarismos distintos e escreva-o por extenso.

_____

_____

6 Complete a sequência.

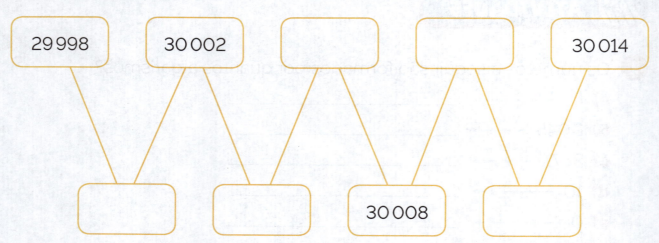

| 29998 | 30002 | | | 30014 |

| | | 30008 | |

BRINCANDO

1 Procure no quadro os números indicados a seguir.

a) O maior número formado com os algarismos 0, 5, 8 e 9. _____

b) O menor número formado com os algarismos 0, 5, 8 e 9. _____

c) O menor número formado com 4 algarismos. _____

d) O maior número par formado com 4 algarismos. _____

9	0	5	8	2	8	0	6	8	9
0	1	0	0	0	5	0	6	4	4
1	7	3	7	0	6	5	0	8	9
7	2	0	9	9	9	8	8	1	7
2	0	7	8	9	0	9	2	5	3
3	9	7	5	3	6	2	9	0	2
3	0	4	5	7	4	9	5	0	3
9	4	3	3	9	6	0	7	8	4
9	8	5	0	4	2	5	7	3	5

Ordem crescente e ordem decrescente

A escola de Luís Felipe organizou um evento para promover uma campanha do agasalho e arrecadar peças de roupa para doar aos orfanatos da região. Depois da arrecadação, os alunos do 4º ano organizaram um gráfico com as quantidades doadas pelos alunos de cada turma.

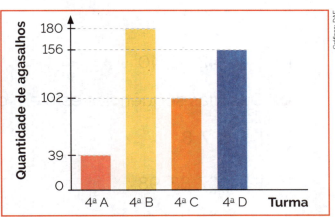

Fonte: Dados coletados pela turma.

Podemos organizar as barras do gráfico do menor valor para o maior: 39, 102, 156 e 180.

Dizemos que esses números foram organizados em **ordem crescente**.

O símbolo < significa **menor que**.

Assim, 39 < 102 < 156 < 180.

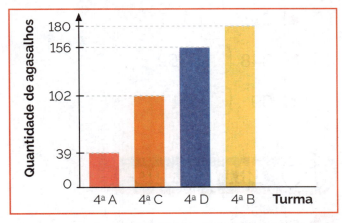

Fonte: Dados coletados pela turma.

Também podemos organizar as barras do gráfico do maior para o menor valor: 180, 156, 102 e 39.

Dizemos que esses números foram organizados em **ordem decrescente**.

O símbolo > significa **maior que**.

Assim, 180 > 156 > 102 > 39.

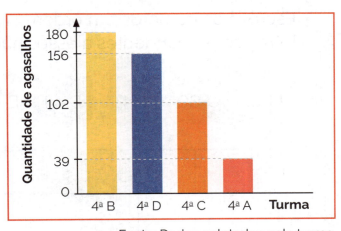

Fonte: Dados coletados pela turma.

ATIVIDADES

1 Marque um **X** na alternativa correta.

a) Qual das sequências está em ordem crescente?

☐ 1, 2, 4, 3   ☐ 329, 331, 333, 335

☐ 43, 42, 41, 40   ☐ 18, 38, 28, 48

b) Qual das sequências está em ordem decrescente?

☐ 5, 6, 7, 8   ☐ 189, 190, 191, 188

☐ 34, 67, 83, 98   ☐ 20, 18, 16, 14

2 Compare os números utilizando os símbolos > ou <.

a) 218 ☐ 145   **d)** 321 ☐ 108

b) 348 ☐ 359   **e)** 432 ☐ 456

c) 89 ☐ 51   **f)** 198 ☐ 175

BRINCANDO

1 Descubra a palavra!

Escreva os números em ordem crescente na primeira linha da tabela e as letras correspondentes a esses números na segunda linha.

| N-8 | C-30 | S-2 | D-14 | E-199 | Í-26 | U-15 | A-5 | H-102 |

Antecessor e sucessor de um número

Observe a sequência dos números naturais em uma reta: com exceção do zero, todos os números estão entre outros dois números.

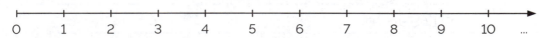

> O número que vem imediatamente **antes** de outro é seu **antecessor**.
> O número que vem imediatamente **depois** de outro é seu **sucessor**.

antecessor de 2   sucessor de 2

Para encontrar o antecessor de um número natural, subtraímos uma unidade dele. Por exemplo, o antecessor do número 12 é 11: $12 - 1 = 11$.

Para encontrar o sucessor de um número natural, adicionamos uma unidade a ele; assim, o sucessor de 12 é 13: $12 + 1 = 13$.

Zero é o **único** número natural que não tem antecessor.

Quando há dois ou mais números naturais e um é sucessor do outro, dizemos que são **números consecutivos**.

Exemplos:

- 6 e 7 são dois números consecutivos
- 6, 7 e 8 são três números consecutivos

Saulo Nunes

ATIVIDADES

1 Responda:

a) Qual é o sucessor e o antecessor de zero?

_____

b) De que número 400 é sucessor? _____

c) De que número 299 é antecessor? _____

2 Complete o quadro a seguir com os números que faltam.

Antecessor	Número	Sucessor
	10 290	
17 998		
		43 785
	55 000	
		76 002
	99 999	

3 Responda:

a) Qual é o antecessor do número 23 378?

_____

b) O sucessor do sucessor do número 78 999?

_____

c) Qual é o número que tem como antecessor o número 15 478 e como sucessor o número 15 480?

_____

4 A soma de três números consecutivos é 45. Quais são esses números?

_____

DESAFIO

1 Siga as pistas e descubra qual é o número.

■ Sou um número ímpar formado por 4 algarismos consecutivos.

■ A diferença entre a soma dos dois primeiros algarismos e o último é 4.

■ Sou o número: _____.

Saulo Nunes

Números ordinais

Em muitas situações, utilizamos números ordinais para indicar ordem, lugar ou posição.

Nos Jogos Pan-Americanos de 2019, o Brasil ficou com o 2º lugar na classificação geral. Entre os 41 países que participaram da competição, a Costa Rica foi a 22ª colocada.

Vamos relembrar alguns **números ordinais**.

1º	primeiro	8º	oitavo	15º	décimo quinto
2º	segundo	9º	nono	16º	décimo sexto
3º	terceiro	10º	décimo	17º	décimo sétimo
4º	quarto	11º	décimo primeiro	18º	décimo oitavo
5º	quinto	12º	décimo segundo	19º	décimo nono
6º	sexto	13º	décimo terceiro	20º	vigésimo
7º	sétimo	14º	décimo quarto	30º	trigésimo

ATIVIDADES

1 Represente em número ordinal.

a) trigésimo terceiro ☐

b) quadragésimo primeiro ☐

c) quinquagésimo segundo ☐

d) septuagésimo quarto ☐

e) quinquagésimo nono ☐

f) sexagésimo sétimo ☐

g) octogésimo quarto ☐

h) nonagésimo oitavo ☐

2 No quadro a seguir, escreva por extenso o antecessor e o sucessor de cada número ordinal.

Antecessor	Número	Sucessor
	2º	
	14º	
	39º	
	87º	

3 Informe por extenso o que se pede.

a) Em um concurso, há 96 candidatos na "frente" de Marina. Qual é a colocação de Marina?

_____

b) Na fila de um brinquedo, em um parque, Lucas está na frente de Pedro, que ocupa a 26ª posição. Que lugar Lucas ocupa nessa fila?

_____

4 Uma turma do 4º ano tem 27 alunos. A lista de chamada é feita em ordem alfabética e Vítor é o último aluno da lista. Escreva por extenso a posição de Vítor nessa lista de chamada.

_____

5 Responda às questões em relação à lista de chamada de sua turma.

a) Que posição você ocupa na lista de chamada? Responda usando números ordinais.

_____

b) Agora, escreva-o por extenso.

_____

c) Qual é a última posição da lista de chamada? Responda usando números ordinais e por extenso.

_____

Números pares e números ímpares

A mãe de Marta e Júlia comprou 12 balas para dividir igualmente entre as duas filhas, de modo que recebam a mesma quantidade e não sobre nenhuma bala.

Ilustrações: Saulo Nunes

> Um número é **par** quando, dividido por 2, não deixa resto, ou seja, o resto é zero.
> Portanto, todo número terminado em **0, 2, 4, 6** ou **8** é par.

Observe que 12 é par:

$$\begin{array}{cc|c} 1 & 2 & 2 \\ 0 & 6 \end{array}$$

Se a mãe de Marta e Júlia tivesse comprado 13 balas, ao dividi-las entre as filhas, de modo que as duas recebessem a mesma quantidade, sobraria uma bala.

> Um número é **ímpar** quando, dividido por 2, deixa resto 1.
> Portanto, todo número terminado em **1, 3, 5, 7** ou **9** é ímpar.

Observe que 13 é ímpar:

$$\begin{array}{cc|c} 1 & 3 & 2 \\ 1 & 6 \end{array}$$

ATIVIDADES

1 Marque um **X** nos números pares.

☐ 1   ☐ 6   ☐ 96   ☐ 362

☐ 2   ☐ 111   ☐ 13   ☐ 48

2 Pinte de 🔵 o espaço que contém um número par e de 🔴 o que contém um número ímpar.

| 4 | 15 | 25 | 81 | 34 | 32 | 97 | 528 | 0 | 1 |

3 Selecione, entre os números a seguir, os que são ímpares e escreva-os em ordem decrescente. Use o símbolo >.

48   999   65   18   23   87   15   32   54   73   21   44   41   38

_____

4 Duas crianças jogam "par ou ímpar". Escreva o resultado de cada jogada.

a)

_____

b)

_____

c)

_____

d)

Ilustrações: Carlos Jorge

_____

e)

_____

f)

_____

5 Classifique os números a seguir em par ou ímpar e justifique a resposta, como no exemplo.

O número 53 é ímpar, pois na divisão por 2 o resto é 1.

a) O número 418 _____.

b) O número 2511 _____.

c) O número 61 _____.

6 Rita e Rafael brincam de lançar dados. Rita ganha 1 ponto se a soma dos dados der um número par e ganha 2 pontos se a soma der um número ímpar. Rafael ganha 1 ponto se a soma for um número ímpar e ganha 2 pontos se for um número par. Cada um lançou os dados 4 vezes. Complete a tabela com os pontos obtidos por Rita e Rafael e responda às questões.

Lançamento	Resultados de Rita	Pontos	Resultados de Rafael	Pontos
1º				
2º				
3º				
4º				
	Total de Rita		Total de Rafael	

Ilustrações: Lilian Gonzaga

a) O total que Rita obteve no 2º lançamento é par ou ímpar?

_____

b) O total que Rafael obteve no 3º lançamento é par ou ímpar?

_____

NUMERAÇÃO DECIMAL

Nosso **sistema de numeração** se chama **decimal** porque usamos a base 10, ou seja, contamos em grupos de 10.

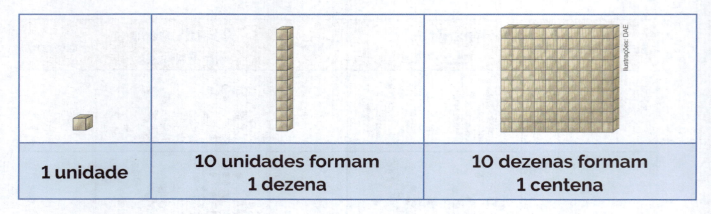

1 unidade	**10 unidades formam 1 dezena**	**10 dezenas formam 1 centena**

No sistema de numeração decimal, utilizamos apenas os dez algarismos indo-arábicos para representar qualquer quantidade.

0 1 2 3 4 5 6 7 8 9

Esse sistema recebeu o nome de **indo-arábico** porque, como vimos, foi inventado pelos hindus que habitavam o Vale do Rio Indo, mas foi aperfeiçoado e levado para a Europa pelos árabes.

Ordens e classes

Cada **posição** que um algarismo indo-arábico ocupa em um número representa uma **ordem**. Dessa maneira, podemos representar qualquer quantidade apenas com esses 10 algarismos.

Exemplo:

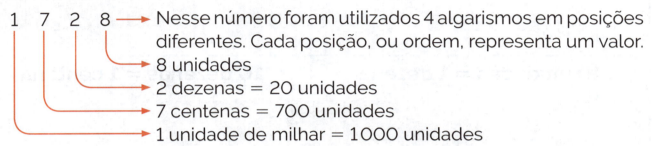

1 7 2 8 → Nesse número foram utilizados 4 algarismos em posições diferentes. Cada posição, ou ordem, representa um valor.

8 unidades
2 dezenas = 20 unidades
7 centenas = 700 unidades
1 unidade de milhar = 1000 unidades

As ordens são contadas da direita para a esquerda.
Exemplo:

9 3 6

1ª ordem: unidades simples
2ª ordem: dezenas simples   classe das unidades simples
3ª ordem: centenas simples

A cada três ordens, forma-se uma classe.
A 1ª classe é a classe das **unidades simples**.
A 2ª classe é a classe dos **milhares**.
A 3ª classe é a classe dos **milhões**.

2ª classe – Milhares			1ª classe – Unidades simples		
6ª ordem	**5ª ordem**	**4ª ordem**	**3ª ordem**	**2ª ordem**	**1ª ordem**
centenas de milhar	dezenas de milhar	unidades de milhar	centenas	dezenas	unidades

Atenção!
- 10 unidades formam 1 dezena
- 100 unidades ou 10 dezenas formam 1 centena
- 1000 unidades ou 10 centenas ou 100 dezenas formam 1 unidade de milhar

Veja a correspondência com o Material Dourado.

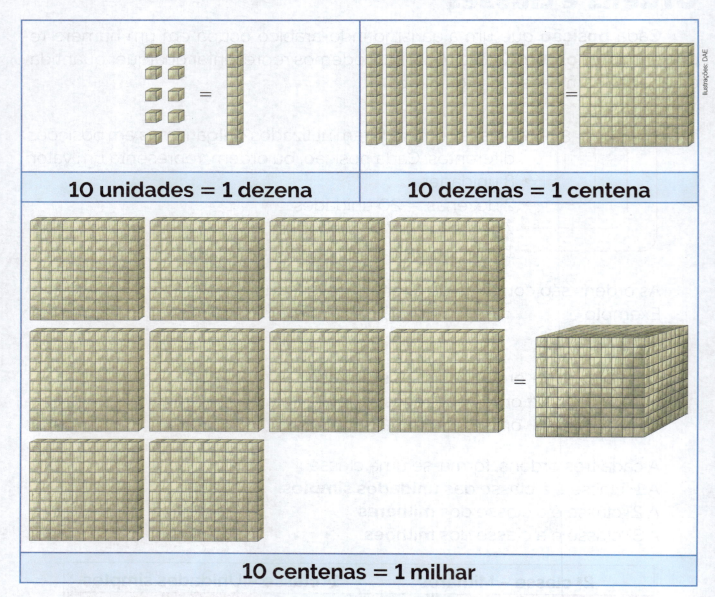

10 unidades = 1 dezena   **10 dezenas = 1 centena**

10 centenas = 1 milhar

Exemplo:
Observe o número 92 857 no quadro de ordens.

2ª classe – Milhares			1ª classe – Unidades simples		
6ª ordem	5ª ordem	4ª ordem	3ª ordem	2ª ordem	1ª ordem
centenas de milhar	dezenas de milhar	unidades de milhar	centenas	dezenas	unidades
	9	2	8	5	7

O número 92 857 tem 5 ordens e 2 classes.

O Império Inca se estendeu por uma grande área onde atualmente é o Peru, parte do Chile, da Argentina, da Bolívia e do Equador. Apesar de os incas não terem um sistema escrito, inventaram um recurso de registro baseado em um sistema decimal posicional conhecido como **quipu**. Esse sistema era formado por cordas bem finas ou fios, em que eram feitos nós que, conforme a posição, representavam 1, 10, 20, e assim por diante. Os fios sem nós indicavam o que hoje chamamos de zero.

Quipu.

Império Inca

Fonte: *World history atlas*. Londres: Dorling Kindersley, 2008. p. 147.

ATIVIDADES

1 Complete o quadro de ordens com os números a seguir.

a) 7 centenas, 4 dezenas e 6 unidades

b) 9 unidades de milhar, 7 centenas e 8 dezenas

c) 5 unidades de milhar, 2 centenas, 1 dezena e 8 unidades

d) 1 unidade de milhar, 4 dezenas e 7 unidades

	UM	C	D	U
a)				
b)				
c)				
d)				

2 Escreva o número decimal representado no ábaco.

a)

C	D	U

_____

b)

UM	C	D	U

_____

c)

C	D	U

_____

d)

UM	C	D	U

_____

e)

UM	C	D	U

_____

f)

C	D	U

_____

3 Pinte os espaços de acordo com as orientações a seguir.

a) Unidades: ⬤ ; unidades de milhar: ⬤ ; centenas: ⬤ ; centenas de milhar: ⬤ ; dezenas: ⬤ ; dezenas de milhar: ⬤.

3	4	5	8	9	9

b) Unidades de milhar: ⬤ ; centenas: ⬤ ; dezenas: ⬤ ; dezenas de milhar: ⬤ ; unidades: ⬤ ; centenas de milhar: ⬤.

1	0	9	7	9	1

4 Faça como o modelo.

> 2 742: 2 unidades de milhar; 27 centenas; 274 dezenas; 2 742 unidades

a) 8 691: _____

b) 4 875: _____

c) 3 928: _____

d) 5 413: _____

5 Escreva o número decimal correspondente às figuras. Para isso, utilize a legenda.

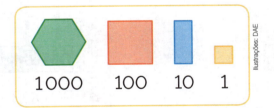

a)

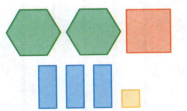

b)

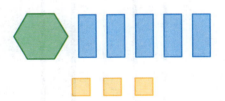

_____   _____

6 De acordo com o Instituto Brasileiro de Geografia e Estatística (IBGE, 2018), foram realizadas 96 592 matrículas no Ensino Fundamental no estado de Roraima em 2018.

Foto de satélite de Roraima, na Região Norte do Brasil.

a) Quantas classes tem o número que representa a quantidade de matrículas realizadas no Ensino Fundamental em Roraima em 2018? _____

b) E quantas ordens ele tem?

_____

c) O primeiro algarismo à esquerda desse número está em que classe?

_____

d) Qual é o algarismo da 4ª ordem? _____

e) Qual é o antecessor desse número? _____

f) E o sucessor dele? _____

7 Represente os números a seguir em cada ábaco.

a) 12 394

b) 48 172

c) 75 600

d) 90 003

8 Em 2019, a população de Esteio, no Rio Grande do Sul, era de 83 202 habitantes (IBGE, 2019). Com base nisso, faça o que se pede.

a) Represente no quadro de ordens abaixo o número que corresponde à população de Esteio.

2ª classe – milhares			1ª classe – unidades simples		
6ª ordem	**5ª ordem**	**4ª ordem**	**3ª ordem**	**2ª ordem**	**1ª ordem**
centenas de milhar	dezenas de milhar	unidades de milhar	centenas	dezenas	unidades

b) Complete a decomposição desse número.

80 000 + _____ + 200 + _____

c) Complete a leitura da decomposição desse número.

_____ dezenas de milhar, _____ unidades de milhar, _____ centenas, _____ unidades

d) Complete a leitura desse número feita por classe.

83 _____ 202

80 000 + _____ + 200 + _____

9 Decomponha os números abaixo conforme o modelo.

15 237 = 10 000 + 5 000 + 200 + 30 + 7

a) 1 498 = _____

b) 3 560 = _____

c) 7 039 = _____

d) 9 999 = _____

e) 10 053 = _____

f) 25 007 = _____

g) 56 400 = _____

h) 87 205 = _____

Valor absoluto e valor relativo

Todo algarismo que compõe um número tem dois valores: um **absoluto** e outro **relativo**.

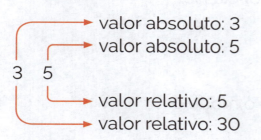

valor absoluto: 3
valor absoluto: 5

3   5

valor relativo: 5
valor relativo: 30

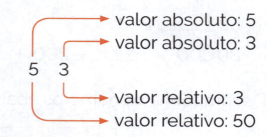

valor absoluto: 5
valor absoluto: 3

5   3

valor relativo: 3
valor relativo: 50

Valor absoluto é o valor do algarismo independentemente de sua posição no número.
Valor relativo é o valor que o algarismo recebe dependendo de sua posição no número.

A soma dos valores relativos de cada algarismo é o próprio número.

3   5

valor relativo: 5
valor relativo: 30

30 + 5 = 35

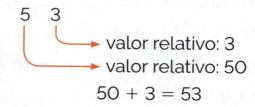

5   3

valor relativo: 3
valor relativo: 50

50 + 3 = 53

1 Escreva o valor absoluto e o valor relativo de cada algarismo.

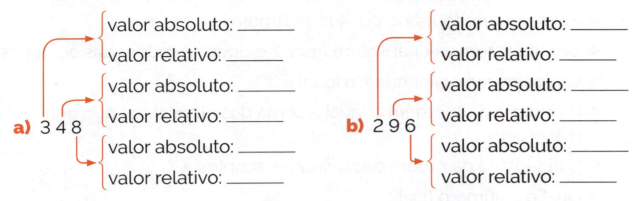

a) 3 4 8

- valor absoluto: _____
- valor relativo: _____
- valor absoluto: _____
- valor relativo: _____
- valor absoluto: _____
- valor relativo: _____

b) 2 9 6

- valor absoluto: _____
- valor relativo: _____
- valor absoluto: _____
- valor relativo: _____
- valor absoluto: _____
- valor relativo: _____

2 Agora observe o número [212 568] e complete as lacunas.

a) O valor absoluto de 6 é _____ e o valor relativo de 5 é _____.

b) O algarismo de menor valor absoluto é _____ e o de maior é _____.

c) A soma dos valores relativos do número é _____.

3 Faça o que se pede.

a) Componha todos os números possíveis com os algarismos 5, 7 e 8.

_____

b) Complete a tabela com o valor relativo e o absoluto do algarismo 8 em cada número do item **a**.

Número	Valor relativo do 8	Valor absoluto do 8

1 Siga os comandos e ajude Luciana a desvendar o número final.

- É um número formado por 4 algarismos.

- Um deles tem valor absoluto igual 2 e ocupa a ordem das centenas.

- Um deles tem valor relativo igual a 30.

- O número da 1ª ordem é igual à soma dos algarismos que ocupam a 3ª e 4ª ordens.

- O algarismo da ordem das unidades simples é 7.

- Qual é o número final?

_____

2 Igor utilizou uma calculadora para obter a soma de 234 com 527. Quantas dezenas havia nessa soma?

Danillo Souza

_____

3 Quantos números com algarismos distintos podem ser formados com 4, 8 e 0? Quais são eles? Em quais deles o 8 tem o maior valor relativo?

_____

_____

Reciclagem do alumínio

O alumínio é o terceiro elemento mais abundante no planeta que pode ser encontrado em diversos produtos de nosso dia a dia, porém, apesar de sua grande importância, possui uma recente escala industrial, já que passou a ser produzido comercialmente há apenas 150 anos.

O produto tem uma grande importância no mercado global, já que é utilizado na fabricação de diversos materiais.

A reciclagem do alumínio traz diversos benefícios para o meio ambiente, pois economiza matéria-prima e energia elétrica, diminui as emissões de gás de efeito estufa, o volume de lixo nos aterros sanitários e gera uma fonte de renda para diversas pessoas envolvidas com a coleta seletiva deste material.

Dentre os produtos de alumínio reciclados, as latas de alumínio têm um grande destaque. O Brasil é líder mundial na reciclagem deste tipo de resíduo, quase 100% das latas descartadas são reaproveitadas. O tempo médio que uma lata fica nas ruas de São Paulo é de dez segundos e o setor já movimenta cerca de 2 bilhões por ano no país.

Latas de alumínio.

Como é feita a reciclagem do alumínio no Brasil? *Pensamento verde*, [s. l.], 18 jun. 2013. Disponível em: https://www.pensamentoverde.com.br/reciclagem/como-e-feita-a-reciclagem-de-aluminio-no-brasil/. Acesso em: 1 abr. 2020.

1 Discuta com os colegas a razão de as latas de alumínio serem mais recicladas do que outros resíduos.

2 A cada 67 latinhas de alumínio obtém-se 1 kg de alumínio. Se cada quilograma equivale a R$ 3,70, quantos quilogramas o coletor precisa arrecadar para faturar R$ 74,00?

UNIDADE 3

ADIÇÃO

> A receita rendeu 65 tortinhas de morango e 68 tortinhas de limão.

Para saber quantas tortinhas Lucas fez ao todo, vamos calcular o resultado de 65 + 68 de diversas maneiras.

Utilizando o Material Dourado, podemos juntar as peças e fazer as trocas correspondentes.

Claudia Marianno

10 barras correspondem a 1 placa

10 cubinhos correspondem a 1 barra

65   +   68   =   65 + 68 = 133

Ilustrações: DAE

Trocamos 10 barras por 1 placa e 10 cubinhos por 1 barra.

Adição é a operação matemática utilizada para **juntar**, **reunir** ou **acrescentar** quantidades.

Vamos fazer a adição utilizando o ábaco.

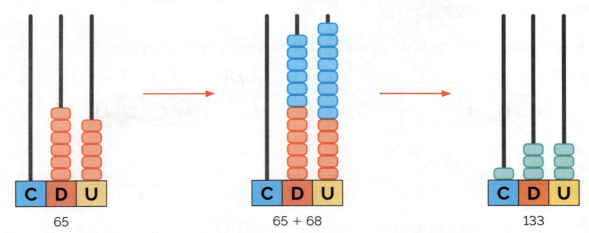

65   65 + 68   133

E agora, utilizando o quadro de ordens.

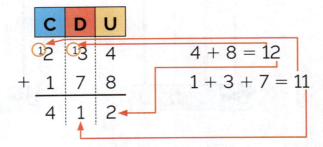

$5 + 8 = 13$

$1 + 6 + 6 = 13$

Observe que o número 1 na ordem da dezena representa a troca de 10 unidades por 1 dezena; e o número 1 na ordem da centena representa a troca de 10 dezenas por 1 centena.

Veja outro exemplo:

$234 + 178 = 412$

$4 + 8 = 12$

$1 + 3 + 7 = 11$

Chamamos de **parcelas** os números que são adicionados e de **soma** ou **total** o resultado da adição. O sinal da adição é **+**, que se lê "mais".

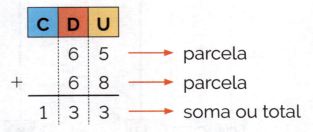

→ parcela
→ parcela
→ soma ou total

$$65 + 68 = 133$$

ATIVIDADES

1 Use o quadro de ordens para efetuar as adições a seguir.

a) 423 + 34 = _____

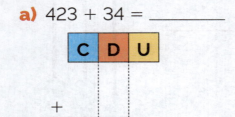

b) 1058 + 3145 = _____

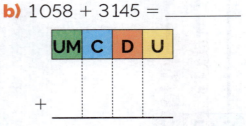

2 Efetue as adições como no exemplo a seguir. Use lápis de cores diferentes para representar a primeira parcela, a segunda parcela e o resultado.

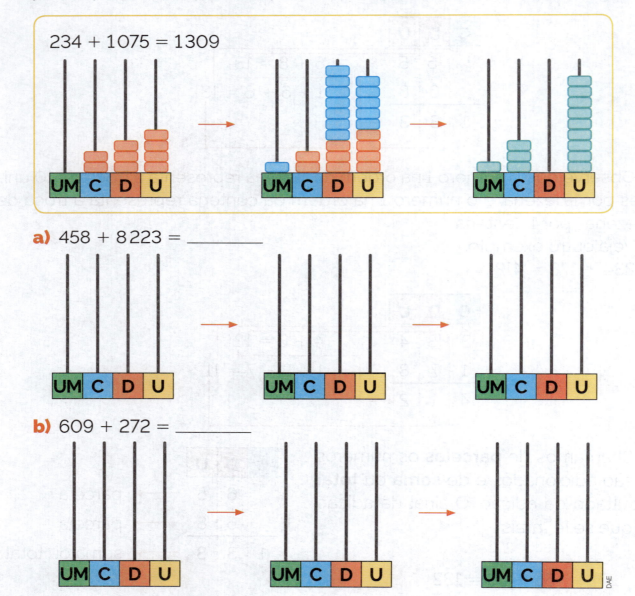

234 + 1075 = 1309

a) 458 + 8 223 = _____

b) 609 + 272 = _____

DAE

Observe mais estas adições.

a) 132 + 23 + 14 = 169

C	D	U	
1	3	2	→ 1ª parcela
	2	3	→ 2ª parcela
+	1	4	→ 3ª parcela
1	6	9	→ soma ou total

b) 1234 + 2542 + 133 = 3909

UM	C	D	U	
1	¹2	3	4	→ 1ª parcela
2	5	4	2	→ 2ª parcela
+	1	3	3	→ 3ª parcela
3	9	0	9	→ soma ou total

3 Agora, arme e efetue as adições a seguir.

a) 534 + 436 + 354 = _____

c) 873 + 632 + 1045 = _____

b) 732 + 243 + 24 = _____

d) 2325 + 1013 + 632 = _____

PROBLEMAS

1 A tabela abaixo mostra a quantidade de alimentos arrecadados pelas turmas do 4º ano de uma escola para a Campanha do Alimento.

Quantidade de alimentos arrecadados pelas turmas do 4º ano	
Turmas	**Alimentos arrecadados**
4º ano A	53
4º ano B	87
4º ano C	74

Fonte: Dados fictícios.

Qual é o total de alimentos arrecadados pelas turmas do 4º ano?

_____

_____

2 Em uma escola, há 353 alunos no período da manhã, 492 alunos no período da tarde e 381 alunos no período da noite. Qual é o total de alunos nessa escola?

_____

_____

_____

3 Guilherme já leu 132 páginas de um livro, mas ainda faltam 156 páginas para ele terminar de ler. Quantas páginas tem o livro?

_____

_____

_____

_____

4 Nos Jogos Pan-Americanos 2019, o Brasil ficou em 2º lugar, conforme o quadro de medalhas. O gráfico a seguir mostra a quantidade de medalhas, por tipo, obtidas na competição.

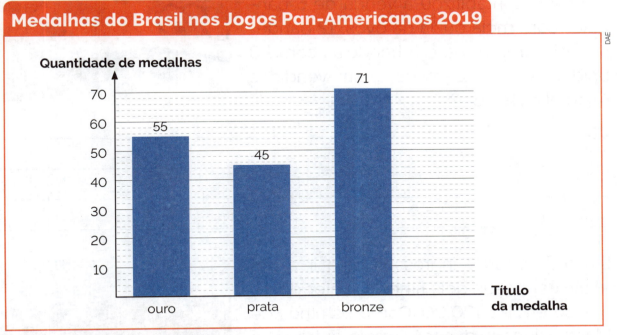

Medalhas do Brasil nos Jogos Pan-Americanos 2019

Fonte: Pan 2019 – Quadro de medalhas. *UOL*, São Paulo, 2019. Seção Esporte. Disponível em: https://www.uol.com.br/esporte/jogos-pan-americanos/2019/quadro-de-medalhas/. Acesso em: 18 jun. 2020.

a) Que tipo de medalha o Brasil conquistou em maior quantidade?

_____

b) Que tipo de medalha o Brasil conquistou em menor quantidade?

_____

c) Quantas medalhas o Brasil conquistou no total?

_____

_____

5 Uma lanchonete criou uma promoção válida de sexta a domingo. Durante a promoção, a lanchonete vendeu 562 lanches na sexta-feira, 678 lanches no sábado e 621 lanches no domingo. Quantos lanches a lanchonete vendeu nos três dias?

_____

_____

6 Um supermercado vende 3 tipos de bandejas de ovos: com meia dúzia, 1 dúzia e 20 unidades. Ao final de um dia, o supermercado contabilizou a venda de 5 bandejas com meia dúzia de ovos, 12 bandejas com uma dúzia e 6 bandejas com 20 unidades. Quantos ovos foram vendidos no total nesse dia?

_____

_____

_____

7 Márcia comprou ingressos para ir a um *show* com seus dois filhos. O valor do ingresso era R$ 120,00. Como os filhos de Márcia tinham direito à meia-entrada, o valor do ingresso custou metade desse valor. Quanto Márcia gastou com os três ingressos para o *show*?

_____

_____

_____

8 Uma escola promoveu uma campanha de arrecadação de itens de higiene para doar a uma instituição. Entre os itens arrecadados, havia 642 xampus, 525 condicionadores, 1 190 sabonetes e 798 cremes dentais. Quantos itens foram arrecadados no total?

_____

_____

_____

9 Uma loja de brinquedos tem em seu estoque 10 quebra-cabeças com 100 peças, 5 quebra-cabeças com 300 peças e 8 quebra-cabeças com 500 peças.

a) Quantos quebra-cabeças há nessa loja?

_____

_____

b) E quantas peças de quebra-cabeças há no total?

_____

_____

_____

10 Escolha três números da ordem das centenas e elabore um problema que envolva a operação de adição. Em seguida, troque com um colega para que ele resolva o problema que você elaborou e você resolva o que ele fez.

_____

_____

_____

_____

BRINCANDO

1 Resolva as adições. Em seguida, preencha o diagrama.

1 1200 + 29 = _____

2 3020 + 3026 = _____

3 5426 + 264 = _____

4 3400 + 6157 = _____

5 7000 + 1999 = _____

6 2873 + 3081 = _____

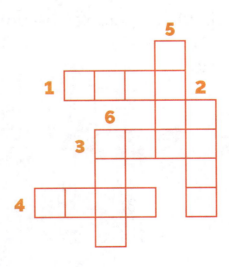

Propriedades da adição

Fechamento

A soma de dois ou mais números naturais é sempre um número natural.
Exemplo:

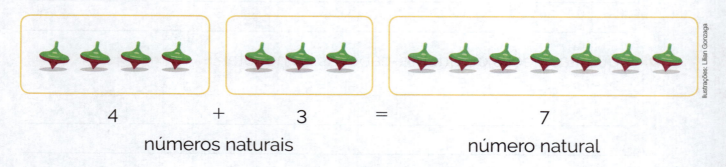

| 4 | + | 3 | = | 7 |

números naturais   número natural

Comutativa

Trocando a ordem das parcelas de uma adição, a soma não se altera.
Exemplo:

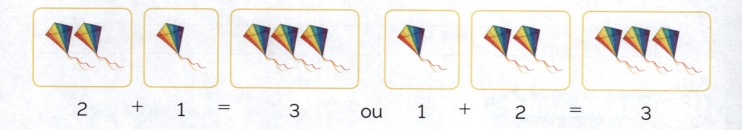

2   +   1   =   3   ou   1   +   2   =   3

Associativa

Associando as parcelas de uma adição de modos diferentes, a soma não se altera.
Exemplo:

(2   +   3)   +   1   ou   2   +   (3   +   1)

5 + 1 = 6   2 + 4 = 6

Elemento neutro

O **zero** é o elemento **neutro** da adição. Adicionando o zero a qualquer número, o resultado é o próprio número.

Exemplo:

 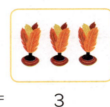 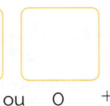  

3 + 0 = 3 ou 0 + 3 = 3

ATIVIDADES

1 Qual valor na adição a seguir está representado pela letra **k** e como pode ser chamado esse valor?

87 + **k** = 87

☐ 87, elemento neutro

☐ 1, elemento comutativo

☐ 8 + 7, elemento associativo

☐ 0, elemento neutro

2 Nas expressões a seguir, verifique se a propriedade associativa é válida.

4 − 3 + 1

_____

4 + 3 + 1

_____

3 Reescreva as adições usando a propriedade comutativa.

a) 2 + 13 = 15

_____

b) 43 + 19 = 62

_____

4 Aplique a propriedade associativa de duas maneiras diferentes.

a) 9 + 3 + 2 =   **b)** 4 + 2 + 7 =   **c)** 1 + 9 + 7 =

_____   _____   _____

_____   _____   _____

5 Na soma a seguir, cada letra representa um algarismo. Observe o resultado dessa adição e faça o que se pede.

$$4A78 + 251C + B100 = 11893$$

a) Qual é o valor de A, B e C? _____

b) Verifique a propriedade associativa escrevendo essa adição de duas maneiras diferentes.

_____

_____

6 Complete usando as propriedades da adição.

a) 8 + 3 = _____ + 8

b) 3 + (_____ + 2) = (3 + 4) + _____

c) 0 + _____ = 8

d) 7 + _____ = 7

e) _____ + 8 = 8 + 7

f) (3 + 7) + 4 = _____ + (7 + 4)

7 Complete a coluna da esquerda e depois relacione as duas colunas escrevendo nos quadrinhos da coluna da direita as letras dos itens correspondentes.

a) $5 + 2 + 3 = $ _____ $+ 3 + 5$ ☐ 5

b) _____ $+ 8 = 13$ ☐ 8

c) $(2 + 3) + 32 = ($ _____ $+ 3) + 2$ ☐ 2

d) $43 + $ _____ $= 48$ ☐ 7

e) $9\,787 + 0 = $ _____   ☐ 32

f) $1 + 14 = $ _____ $+ 1$ ☐ 5

g) $4 + (5 + 8) = (4 + 5) + $ _____   ☐ 9\,787

h) $0 + $ _____ $= 7$ ☐ 14

8 Complete com o elemento neutro.

a) $8 + $ _____ $= 8$ d) _____ $+ 2 = 2$

b) _____ $+ 3 = 3$ e) _____ $+ 6 = 6$

c) $5 + $ _____ $= 5$ f) $9 + $ _____ $= 9$

9 Aplique a propriedade associativa para resolver mentalmente as adições, como no modelo.

$9 + 4 + 6 =$
$= 9 + 10 =$
19

■ Mentalmente, somamos 6 com 4, pois a esse resultado fica mais fácil adicionar o 9.

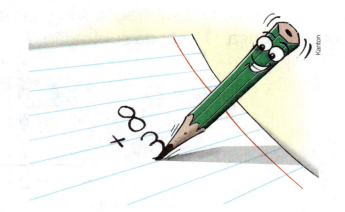

a) $10 + 8 + 92 = $ _____

b) $17 + 3 + 20 = $ _____

c) $19 + 40 + 30 = $ _____

d) $71 + 9 + 50 = $ _____

UNIDADE 4

SUBTRAÇÃO

Na festa à fantasia da escola de Mariana foram vendidos 72 ingressos dos 95 colocados à venda. Quantos ingressos sobraram?

Ingressos à venda

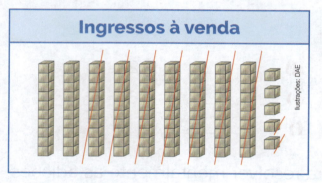

Ilustrações: DAE

Henrique Jorge

Riscando a quantidade de ingressos vendidos (**7 barras** e **2 cubinhos**), sobram **2 barras** e **3 cubinhos**, ou seja, 23 ingressos.

Subtração é a operação matemática utilizada para **retirar** uma quantidade de outra, para **completar** quantidades e para **compará-las**.

Os termos da subtração são chamados de **minuendo**, **subtraendo** e **resto** ou **diferença**. O sinal da subtração é −, que se lê "menos".

$95 - 72 = 23$

C	D	U	
	9	5	→ minuendo
−	7	2	→ subtraendo
	2	3	→ resto ou diferença

Acompanhe a resolução destas subtrações:

a) 73 − 28 = 45

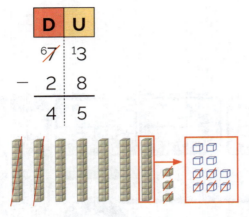

Como não podemos subtrair 8 unidades de 3 unidades, trocamos 1 dezena (1 barra) por 10 unidades (10 cubinhos); ao adicioná-las às 3 unidades, obtemos 13 unidades.

Assim temos: 13 − 8 = 5.

Como retiramos uma dezena das 7, temos: 6 − 2 = 4.

Portanto, 73 − 28 = 45.

b) 202 − 42 = 160

Neste caso, temos de transformar 1 centena (1 placa) em 10 dezenas (10 barras) para subtrair 4 dezenas e 2 unidades.

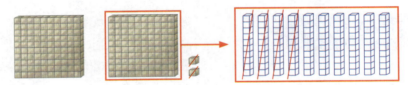

c) 2224 − 387 = 1837

Agora, para subtrair 3 centenas, 8 dezenas e 7 unidades, temos de transformar 1 milhar (1 cubo) em 10 centenas (10 placas), 1 centena (1 placa) em 10 dezenas (10 barras) e 1 dezena (1 barra) em 10 unidades (10 cubinhos).

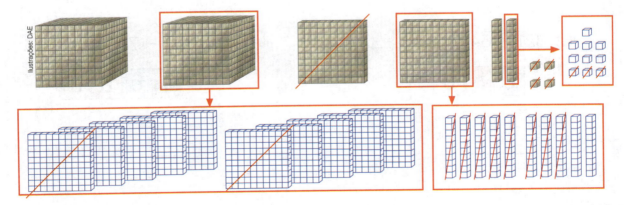

Ilustrações: DAE

Acompanhe a situação a seguir, que envolve a subtração.

Um ônibus iniciou viagem com 45 passageiros. Na primeira parada, não desceu nenhum passageiro. Já na segunda parada, desceram 17 pessoas. Quantos passageiros seguiram viagem?

$45 - 17 = 28$

D	U
$^3\cancel{4}$	$^1 5$	→ minuendo
− 1	7	→ subtraendo
2	8	→ resto ou diferença

Seguiram viagem 28 passageiros.

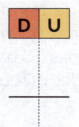 **ATIVIDADES**

1 Use o quadro de ordens para armar e efetuar as subtrações a seguir.

a) 94 − 37 = _____

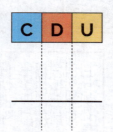

c) 8 431 − 782 = _____

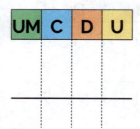

b) 821 − 64 = _____

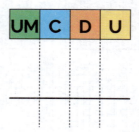

d) 2 571 − 785 = _____

2 Calcule mentalmente as subtrações e escreva os resultados, conforme o exemplo.

> 6998 − 1200
>
> - 6998 + 2 = 7000 (Adicionei 2 a 6998 e obtive 7000.)
> - 7000 − 1200 = 5800 (Subtraí 1200 de 7000 e obtive 5800.)
> - 5800 − 2 = 5798 (Por fim, subtraí 2 de 5800 e obtive 5798.)

a) 997 − 400

_____

_____

_____

b) 1780 − 800

_____

_____

_____

3 Arme as subtrações no caderno, encontre as diferenças e anote-as aqui.

a) 956 − 217 = _____

b) 706 − 547 = _____

c) 3009 − 1587 = _____

d) 4192 − 962 = _____

4 Efetue as subtrações.

a) 45 − 10 = _____

b) 450 − 100 = _____

c) 4500 − 1000 = _____

d) 45000 − 10000 = _____

e) 81 − 9 = _____

f) 810 − 90 = _____

g) 8100 − 900 = _____

h) 81000 − 9000 = _____

5 Efetue as subtrações e dê nome aos termos.

a)

```
    3  8  9  7  ⟶ _____
 −  1  7  4  8  ⟶ _____
 _____
                ⟶ _____
```

b)

```
    3  9  7  1  ⟶ _____
 −  1  8  7  5  ⟶ _____
 _____
                ⟶ _____
```

6 Leia o texto a seguir e arme as contas para responder às questões.

Carl Friedrich Gauss foi um famoso matemático alemão. Nasceu em Braunschweig, em 30 de abril de 1777, e morreu em Göttingen, em 23 de fevereiro de 1855. Foi considerado o "Príncipe da Matemática" por ter feito inúmeras descobertas nessa área.

Christian Albrecht Jensen. *Retrato de Carl Friedrich Gauss*, 1840. Óleo sobre tela, 66 cm × 52 cm.

a) Qual era a idade de Gauss quando morreu?

_____

_____

b) Quantos anos faz que Gauss morreu?

_____

7 No caderno, encontre a diferença entre:

a) 9 centenas e 8 dezenas e meia; _____

b) 4 dezenas e 3 dezenas e meia; _____

c) 1 centena e 2 dezenas; _____

d) 1 unidade de milhar e 1 centena; _____

e) 5 centenas e 4 dezenas. _____

1 Use a lógica e complete o diagrama criptográfico com números e símbolos. Cada símbolo de uma linha representa um algarismo da linha logo abaixo.

☺♠	—	☻	=	♣
	—	2	=	8
☻♠	—	☺	=	☺○
	—		=	
○	—	•	=	☻
	—		=	
♣♣	—	♦•	=	♦☺
	—	47	=	
•♥	—	♫○	=	☺♦
	—	59	=	
☺☻♣	—	☻☻	=	☺♠❂
	—		=	
♫♥♠	—	♥☺•	=	☻☺♥
	—		=	
○☺	—	♦♣	=	
	—		=	
☼☼•♫	—		=	♫•♫♫
	—		=	

Verificação da adição e da subtração

A adição e a subtração são chamadas de **operações inversas**; utilizamos uma operação para verificar o resultado da outra. Acompanhe.

Adição

Em uma adição com duas parcelas, verificamos se o resultado está correto por meio de uma **subtração**: do total, subtraímos uma das parcelas para encontrar o valor da outra.

Exemplo:

$$
\begin{array}{r} 3\ 2\ 4 \\ +\ 2\ 4\ 5 \\ \hline 5\ 6\ 9 \end{array}
\qquad
\begin{array}{r} 5\ 6\ 9 \\ +\ 3\ 2\ 4 \\ \hline 2\ 4\ 5 \end{array}
\qquad
\begin{array}{r} 5\ 6\ 9 \\ -\ 2\ 4\ 5 \\ \hline 3\ 2\ 4 \end{array}
$$

Quando a adição tem três parcelas, adicionamos duas parcelas e subtraímos do total. A diferença deve ser a parcela não utilizada.

Exemplo:

$$
\left.\begin{array}{r} 1\ 0\ 4 \\ 4\ 0 \end{array}\right\}
\qquad 104 + 40 = 144 \longrightarrow
\begin{array}{r} 3\ 7\ 9 \\ -\ 1\ 4\ 4 \\ \hline 2\ 3\ 5 \end{array}
$$

$$
\begin{array}{r} +\ 2\ 3\ 5 \\ \hline 3\ 7\ 9 \end{array}
$$

Carlos Jorge

Subtração

Em uma subtração, verificamos se o resultado está correto fazendo uma adição: somamos o resto ao subtraendo para encontrar o minuendo.

Exemplo:

3 8	→ minuendo	1 3	→ resto	
− 2 5	→ subtraendo	+ 2 5	→ subtraendo	da operação
1 3	→ resto	3 8	→ minuendo	original

ATIVIDADES

1 Descubra o valor que falta somando as outras duas parcelas e subtraindo do total o resultado da adição, conforme o modelo.

25 + 11 + 13 = 49

```
   2 5        4 9
 + 1 3      - 3 8
 ─────      ─────
   3 8        1 1
```

b) 755 + _____ + 72 = 948

a) _____ + 231 + 16 = 788

c) 342 + 121 + _____ = 565

2 Cada adição pode ser verificada com duas subtrações. Pinte-as com a mesma cor da adição correspondente.

| 854 + 43 = 897 | 76 + 129 = 205 | 98 + 296 = 394 | 143 + 750 = 893 |

| 394 − 98 = 296 | 893 − 143 = 750 | 897 − 854 = 43 | 893 − 750 = 143 |

| 205 − 129 = 76 | 897 − 43 = 854 | 394 − 296 = 98 | 205 − 76 = 129 |

3 Complete as frases.

a) O resultado da adição pode ser verificado _____ uma das parcelas do total.

b) Na subtração 892 − 454 obtemos o resto _____. Podemos verificar se o resultado está correto com a seguinte operação: _____ + 454, que deve resultar _____.

PROBLEMAS

1 Leia o texto abaixo e responda às questões.

[...]

Atualmente, os teresinenses consomem 272 431 litros por dia e desperdiçam 88 848 litros por dia.

No Brasil, o consumo médio de água por pessoa é de 154,1 litros por dia. A dona de casa Ana Cléa e a chefe de cozinha Bruna garantem que não fazem parte destas estatísticas do desperdício, pois praticam o consumo consciente de água em casa e no local de trabalho.

Teresina, estado do Piauí (Brasil).

Ana Cléa reaproveita a água da máquina de lavar para limpar a garagem e regar as plantas. Ela conta que [...] durante seu pós-parto contratou uma pessoa para lhe ajudar com suas atividades domésticas e viu neste período a conta subir de R$ 30 reais para R$ 80.

Nos dias de hoje, saber como reduzir o consumo de água é uma questão que está ligada não só às questões financeiras, como às contas domésticas, mas também às questões ecológicas de sustentabilidade.

[...]

ARAÚJO, Gilcilene. Reduzir, reciclar e reaproveitar: a sustentabilidade gera economia e renda em Teresina. *G1*, Piauí, 11 nov. 2019. Disponível em: https://g1.globo.com/pi/piaui/noticia/2019/11/11/reduzir-reciclar-e-reaproveitar-a-sustentabilidade-gera-economia-e-renda-em-teresina.ghtml. Acesso em: 3 abr. 2020.

a) Se o consumo de água fosse consciente, sem desperdício, quantos litros de água os teresinenses consumiriam?

_____

b) De quanto foi o aumento na conta de água de Ana Cléa após contratar uma pessoa para lhe ajudar com as atividades domésticas?

_____

_____

2 Complete a tabela da contagem do estoque de uma loja de roupas.

Cores	Blusas	Vestidos	Saias	Totais
amarelo	55	48	36	
vermelho		65	41	153
azul	62		31	152
Totais	164	172		

3 Descubra em qual número Marcela pensou.

Pensei em um número, subtraí 439 unidades desse número e obtive 546. em que número pensei?

_____

_____

4 O gerente de uma loja de roupas estabeleceu uma meta de venda para seus funcionários nos meses de março e abril de 2020. Observe o gráfico de vendas e responda às questões.

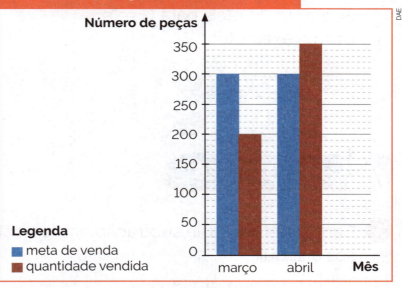

Vendas - março e abril de 2020

Legenda
- meta de venda
- quantidade vendida

Fonte: Dados da empresa.

a) Em qual mês a meta foi atingida?

_____

b) Quantas peças a mais que a meta foram vendidas nesse mês?

_____

c) Quantas peças faltaram ser vendidas no outro mês para ser atingida a meta?

_____

65

Expressões numéricas com adição e subtração

Gisele ganhou 20 reais de seu pai e 15 reais de sua mãe. Com esse dinheiro, comprou dois livros, pagando 18 reais por eles. Quantos reais sobraram para Gisele?

Para resolver esse problema, organizamos os números e os sinais das operações em uma **expressão numérica**:

$$20 + 15 - 18 =$$

Em uma expressão numérica em que há apenas operações de adição e de subtração, efetuamos essas operações na ordem em que aparecem. Veja:

$$20 + 15 - 18 =$$
$$= 35 - 18 = 17$$

Sobraram 17 reais para Gisele.

Outros exemplos:

a) $68 - 14 + 23 =$
   $= 54 + 23 = 77$

b) $25 + 41 - 3 + 6 =$
   $= 66 - 3 + 6 =$
   $= 63 + 6 = 69$

ATIVIDADES

1 Carlos efetuou uma subtração em sua calculadora, de acordo com os passos a seguir.

1. Digitar o número 25.
2. Apertar a tecla do sinal de menos.
3. Digitar o número 14.
4. Apertar a tecla do sinal de mais.
5. Digitar o número 17.
6. Apertar a tecla do sinal de igual.
   Que resultado apareceu na calculadora? _____

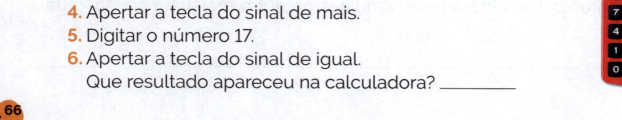

2 Resolva as expressões.

a) 36 + 4 − 9 − 2 =

_____

_____

b) 43 + 22 − 11 =

_____

_____

3 Complete as resoluções.

a) 136 + _____ − 122 + 34 =

= 196 − _____ + 34 =

= _____ + 34 =

= _____

b) 88 + _____ − 50 + _____

= 100 − _____ + 30 − 80 =

= _____ + 30 − 80 =

= 80 − _____ = _____

PROBLEMAS

1 Observe a tabela abaixo com os seis primeiros colocados no Campeonato Brasileiro de Futebol de 2019.

Time	Pontos	Vitórias	Empates	Derrotas	Gols pró	Gols contra	Saldo de gols
Flamengo	90	28	6	4	86	37	49
Santos	74	22	8	8	60	33	27
Palmeiras	74	21	11	6	61	32	29
Grêmio	65	19	8	11	64	39	25
Atlético-PR	64	18	10	10	51	32	19
São Paulo	63	17	12	9	39	30	9

Fonte: Confederação Brasileira de Futebol. Campeonato Brasileiro de futebol - Série A – 2019. *In*: CBF. Rio de Janeiro: CBF, 2019. Disponível em: https://www.cbf.com.br/futebol-brasileiro/competicoes/campeonato-brasileiro-serie-a/2019. Acesso em: 19 jun. 2020.

a) Quantos pontos a mais o primeiro colocado obteve em relação ao segundo colocado?

_____

_____

b) Qual é o total de pontos obtidos pelos seis times?

_____

c) Adicionando os gols pró dos seis primeiros colocados e, depois, os gols contra, qual é o saldo de gols?

_____

_____

_____

_____

d) Construa um gráfico de barras com o total de pontos de cada time no Campeonato Brasileiro de Futebol de 2019.

2 Um posto de saúde recebeu 1200 doses de vacina. Em um dia, foram vacinadas 237 pessoas de manhã, 456 à tarde e 314 pessoas à noite. Quantas vacinas restaram no final desse dia?

_____

_____

 PEQUENO CIDADÃO

Consumo consciente

O consumo de qualquer produto acarreta consequências, que podem ser positivas ou negativas, tanto para quem consome como para o meio ambiente, a economia e a sociedade.

Consumir de modo consciente é escolher o produto e quem o produz com base nos processos de fabricação, nos recursos utilizados, nos impactos que causam ao meio ambiente, no tipo de descarte e na quantidade de lixo gerada.

Antes de qualquer compra, é importante você definir que produto quer comprar, pensar se é mesmo necessário tê-lo, em como a empresa fabricante trabalha, como vai usá-lo e descartá-lo e se pode ser doado ou trocado.

Vamos imaginar a seguinte situação: Mariana foi com a mãe a uma feira de alimentos orgânicos, que são aqueles cultivados sem agrotóxicos, preservam o solo e utilizam os recursos naturais de maneira responsável. Nessa feira, a mãe de Mariana comprou produtos em três barracas. Ela gastou R$ 61,00 na primeira barraca, R$ 43,00 na segunda e R$ 58,00 na terceira barraca.

1 Agora analise a situação e responda à pergunta:

Quanto a mãe de Mariana gastou na feira de alimentos orgânicos?

_____

_____

UNIDADE 5

MULTIPLICAÇÃO

No sítio dos avós de Roberto, há uma pequena horta. Um dia ele ficou curioso com a disposição dos pés de alface e pensou: Para saber quantos pés de alface há nesta horta, posso fazer uma adição ou uma multiplicação.

$5 + 5 + 5 + 5 + 5 + 5 + 5 + 5 + 5 = 45$

$9 \times 5 = 45$ (9 parcelas iguais)

ou

$9 + 9 + 9 + 9 + 9 = 45$

$5 \times 9 = 45$ (5 parcelas iguais)

Portanto, há 45 pés de alface plantados.

Também podemos representar assim:

São 9 fileiras com 5 pés de alface em cada uma.

Saulo Nunes

$$
\begin{array}{cccl}
 & 9 & & 5 \quad \text{multiplicando} \\
\times & 5 & \text{ou} \times & 9 \quad \text{multiplicador} \\
\hline
4 & 5 & & 4 \quad 5 \quad \text{produto}
\end{array}
$$

}→ fatores

→ resultado

O sinal da multiplicação é **×**, que se lê "vezes".

A **multiplicação** é uma operação matemática utilizada para indicar uma **adição de parcelas iguais**.

Acompanhe outro exemplo.

A compra de uma TV é feita em 5 parcelas de 523 reais.

Portanto, o valor total a ser pago pela TV é 2 615 reais.

Lembre-se: multiplicamos unidades por unidades, unidades por dezenas e unidades por centenas.

ATIVIDADES

1 Observe a imagem ao lado.

a) Represente por meio de uma adição e de uma multiplicação a quantidade de veículos no estacionamento.

_____

_____

_____

_____

b) Quantos veículos há no estacionamento?

_____

2 Arme e efetue estas contas.

a) 3 × 57 = _____

b) 5 × 693 = _____

71

3 Escreva a quantia, em real, de cada item a seguir.

a)

Imagens: Banco Central do Brasil

_____

c)

_____

b)

_____

d)

_____

4 Complete o quadro da multiplicação preenchendo os espaços vazios.

×	0	1	2	3	4	5	6	7	8	9
0										
1										9
2										
3						15				
4			8							
5									40	
6										
7		7			28					
8										
9										

Propriedades da multiplicação

Fechamento

O produto de dois números naturais é sempre um número natural.

Exemplo:

$2 \times 4 = 8$

→ número natural
→ número natural
→ número natural

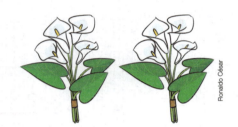

Ronaldo César

Elemento neutro

O **elemento neutro** da multiplicação é o número 1.
Multiplicando-se qualquer número por 1, o resultado será o próprio número.

Exemplo:

$3 \times 1 = 3$ ou $1 \times 3 = 3$

Ronaldo César

Comutativa

Trocando-se a ordem dos fatores de uma multiplicação, o produto não se altera.

Exemplo:

$3 \times 2 = 6$

$2 \times 3 = 6$

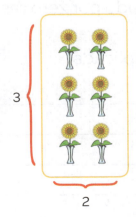

2

3 {

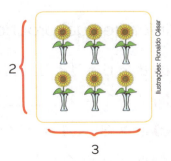

2 {

3

Ilustrações: Ronaldo César

73

Associativa

Exemplo:

Associando-se os fatores de diferentes maneiras, o produto não se altera.

$(4 \times 3) \times 2 =$
$= 12 \times 2 = 24$

$(2 \times 4) \times 3 =$
$= 8 \times 3 = 24$

$(2 \times 3) \times 4 =$
$= 6 \times 4 = 24$

 ATIVIDADES

1 Observe o exemplo:

$5 \times 0 = 0 + 0 + 0 + 0 + 0$

Agora, calcule o resultado das multiplicações a seguir e complete a frase.

$7 \times 0 = \underline{\hspace{2cm}}$ $49 \times 0 = \underline{\hspace{2cm}}$

$12 \times 0 = \underline{\hspace{2cm}}$ $0 \times 9 = \underline{\hspace{2cm}}$

- Qualquer número multiplicado por zero resulta em \underline{\hspace{3cm}}.

2 Informe qual propriedade foi aplicada.

a) $2 \times 6 = 12$ \underline{\hspace{5cm}}

b) $4 \times 1 = 4$ \underline{\hspace{5cm}}

c) $(2 \times 3) \times 4 = 2 \times (3 \times 4)$ \underline{\hspace{3cm}}

d) $6 \times 4 = 4 \times 6$ \underline{\hspace{4cm}}

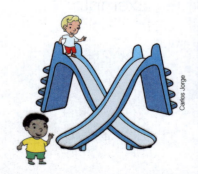

3 Pinte da mesma cor os quadros que têm o mesmo resultado.

(3 × 12) × 4	11 × 6	2 × 9	3 × (12 × 4)
2 × (7 × 9) × 3	3 × 6	(2 × 7) × (9 × 3)	6 × 11

4 Calcule o resultado das multiplicações a seguir e complete a frase.

3 × 1 = _____   72 × 1 = _____

1 × 17 = _____   8 × 1 = _____

1 × 6 = _____   1 × 861 = _____

■ Qualquer número multiplicado por 1 resulta _____.

5 Observe o modelo e efetue as multiplicações aplicando a propriedade associativa.

5 × 3 × 3 =		5 × 3 × 3 =
= 5 × (3 × 3) =	ou	= (5 × 3) × 3 =
= 5 × 9 =		= 15 × 3 =
= 45		= 45

a) 3 × 9 × 6 =

b) 9 × 5 × 2 × 1 =

Multiplicação com dois algarismos no multiplicador

Observe a multiplicação abaixo:

$$12 \times 24 = 288$$

4 dezenas: resultado da multiplicação de 2 unidades por 2 dezenas

8 unidades: resultado da multiplicação de 2 unidades por 4 unidades

2 centenas: resultado da multiplicação de 1 dezena por 2 dezenas

4 dezenas: resultado da multiplicação de 1 dezena por 4 unidades

```
      2   4
  ×   1   2
  ─────────
      4   8
+   2   4
  ─────────
  2   8   8
```

Para efetuar essa operação, multiplicamos unidades por unidades, unidades por dezenas, dezenas por unidades e dezenas por dezenas. Os valores devem ser somados para que se encontre o produto da multiplicação.

Outros exemplos:

```
        3   6
    ×   2   3
  ───────────
    1   0   8
+   7   2
  ───────────
    8   2   8
```

```
        2   0   3
    ×       4   3
  ───────────────
        6   0   9
+   8   1   2
  ───────────────
    8   7   2   9
```

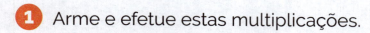 **ATIVIDADES**

1 Arme e efetue estas multiplicações.

a) 32 × 25 = _____

b) 35 × 26 = _____

c) 27 × 531 = _____

1 Na receita de bolo de chocolate de Letícia, são usados 3 ovos. Quantos ovos Letícia deve usar para fazer 12 bolos?

_____

_____

2 Diogo embalou brigadeiros em caixas, organizando-os em fileiras. Em cada fileira colocou 12 brigadeiros. Sabendo que couberam 8 fileiras na caixa, faça o que se pede.

a) Calcule quantos brigadeiros Diogo colocou em uma caixa.

_____

_____

b) Depois de embalar a primeira caixa, Diogo ainda montou mais três caixas iguais à primeira. Escreva uma adição e uma multiplicação para representar a quantidade total de brigadeiros que Diogo colocou nas caixas.

_____

3 Uma escola arrecadou 24 caixas com 12 lápis de cor para doar a um hospital. Quantos lápis de cor no total foram doados?

_____

_____

4 Uma empresa comprou 40 caixas de cápsulas de café. Metade das caixas continha 10 cápsulas e a outra metade continha 12 cápsulas. Quantas cápsulas de café essa empresa comprou?

_____

_____

Multiplicação por 10, 100 e 1000

Observe estas multiplicações:

$$
\begin{array}{r}
1\ 0 \\
\times\quad 7 \\
\hline
7\ 0
\end{array}
$$

$$
\begin{array}{r}
1\ 0\ 0 \\
\times\qquad 7 \\
\hline
7\ 0\ 0
\end{array}
$$

$$
\begin{array}{r}
1\ 0\ 0\ 0 \\
\times\qquad\ \ 7 \\
\hline
7\ 0\ 0\ 0
\end{array}
$$

O resultado da multiplicação de um número natural por **10**, **100** ou **1000** é o próprio número natural acrescido, à sua direita, de **um**, **dois** ou **três zeros**, respectivamente.

Exemplos:

$21 \times 10 = 210$

$21 \times 100 = 2100$

$21 \times 1000 = 21000$

ATIVIDADES

1 Calcule estas multiplicações.

a) $8 \times 10 =$ _____

b) $17 \times 10 =$ _____

c) $259 \times 100 =$ _____

d) $1451 \times 100 =$ _____

e) $5 \times 1000 =$ _____

f) $944 \times 1000 =$ _____

2 Complete as sequências com os números que faltam.

a)

$\times$	$\times 100$	$\times 1000$
33	330	

b)

$\times$	$\times 10$	$\times$	$\times$
5	50		50 000

50 000 000

3 Relacione uma coluna a outra usando as letras dos itens.

a) $4 \times 1000 + 6 \times 100 + 7$

b) $2 \times 10\,000 + 2 \times 1000 + 4 \times 100 + 7 \times 10 + 6$

c) $6 \times 1000 + 4 \times 100 + 5 \times 10 + 7$

d) $2 \times 1000 + 4$

e) $4 \times 1000 + 5 \times 100 + 6 \times 10 + 7$

f) $7 \times 1000 + 5 \times 100$

☐ 2 004

☐ 4 567

☐ 4 607

☐ 7 500

☐ 22 476

☐ 6 457

4 Interprete o ábaco e responda às questões.

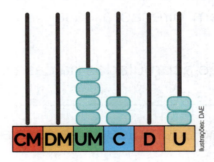

Ilustrações: DAE

a) Qual é o número representado no ábaco? _____

b) Qual é o valor obtido quando multiplicamos esse número por 100?

_____

c) Desenhe um ábaco e represente nele a resposta do item **b**.

5 Faça a decomposição dos números abaixo seguindo a indicação do modelo.

> $4\,567 = 4\,000 + 500 + 60 + 7 = 4 \times 1000 + 5 \times 100 + 6 \times 10 + 7$

a) 986 = _____

b) 8 542 = _____

DESAFIO

1 Na passagem de uma casa para outra, na trilha ao lado, multiplica-se o número por 10. O movimento começa na casa verde, com 15 pontos, e vai em direção à casa azul.

a) Quantos pontos serão acumulados na casa posterior à casa vermelha?

_____

b) Quantos pontos serão acumulados na casa azul?

_____

SAIBA MAIS

O zero foi identificado inicialmente em três povos: babilônios, hindus e maias.

A história desse algarismo em nosso sistema decimal começa com uma casa vazia no ábaco e um espaço em branco nos registros. Para indicar esses espaços em branco ou casas vazias nos números, foi inventado um símbolo no formato oval.

Expressões numéricas envolvendo adição, subtração e multiplicação

Quando há operações de adição, subtração e multiplicação em uma expressão numérica, **efetuamos primeiro a multiplicação** e, em seguida, a adição ou a subtração, obedecendo à ordem em que essas operações aparecem na expressão.

Exemplos:

a) $4 + 6 \times 3 - 1 =$
$= 4 + 18 - 1 =$
$= 22 - 1 = 21$

b) $37 - 9 \times 3 + 7 =$
$= 37 - 27 + 7 =$
$= 10 + 7 = 17$

c) $13 \times 5 + 7 - 4 =$
$= 65 + 7 - 4 =$
$= 72 - 4 = 68$

ATIVIDADES

1 Resolva as expressões numéricas a seguir.

a) $87 - 3 \times 9 + 7 =$

_____

_____

_____

d) $42 - 12 + 7 \times 9 =$

_____

_____

_____

b) $44 + 4 \times 5 - 6 =$

_____

_____

_____

e) $19 \times 8 + 3 \times 4 - 2 =$

_____

_____

_____

c) $73 - 16 + 5 \times 7 =$

_____

_____

_____

f) $95 \times 2 + 141 - 32 =$

_____

_____

_____

2 Observe as resoluções feitas por dois amigos para a mesma expressão numérica.

Fernando	Olívia
340 − 27 + 6 × 30 =	340 − 27 + 6 × 30 =
= 313 + 6 × 30 =	= 340 − 27 + 180 =
= 319 × 30 =	= 313 + 180 =
= 9 570	= 493

a) Qual deles resolveu a expressão corretamente?

_____

b) Qual foi o erro cometido pelo outro?

_____

 **PROBLEMAS**

1 Rosana tinha R$ 110,00 na carteira e recebeu um pagamento em dinheiro no valor de R$ 230,00. Em seguida, foi ao supermercado fazer compras. Na hora de pagar, ela deu o valor exato ao caixa: 5 cédulas de R$ 50,00. Quantos reais ainda sobraram para Rosana?

Marco Cortez

_____

_____

_____

2 Augusto vendeu uma bandeja com 12 ovos para Elisa, 3 bandejas iguais àquela para Ana Paula e 5 para Guilherme. Quantos ovos Augusto vendeu para os três juntos?

_____

_____

_____

3 Para o aniversário de Giovana, sua mãe encomendou 50 bolinhas de queijo, o dobro dessa quantidade de coxinhas e três vezes mais quibes do que bolinhas de queijo. Quantos salgadinhos a mãe de Giovana encomendou ao todo?

_____

_____

_____

4 Uma loja de doces produziu 36 ovos de Páscoa de chocolate branco e o dobro dessa quantidade de ovos de chocolate ao leite. Em uma semana, vendeu 68 desses ovos de Páscoa. Quantos ovos de Páscoa não foram vendidos?

_____

_____

_____

5 Em uma escola, todas as 5 turmas do 4º ano têm 40 alunos. No dia de um campeonato organizado por essa escola, 17 alunos do 4º ano faltaram. Quantos alunos do 4º ano compareceram nesse dia?

_____

_____

6 Uma loja comprou 180 unidades de um suco de caixinha que estava em promoção. Esse suco só pode ser vendido em embalagens com três caixinhas. Se, ao final do dia, foram vendidas 35 dessas embalagens, quantas caixinhas ainda sobraram à venda?

_____

_____

_____

_____

DIVISÃO

Preciso distribuir 40 livros em partes iguais entre as 5 caixas, para uma doação.

A operação utilizada por Bruno para repartir os livros entre as caixas é a divisão.

> A **divisão** é uma operação usada para **repartir** ou **distribuir** uma quantidade em partes iguais.

Danilo Souza

dividendo: quantidade que será repartida.

divisor: quantidade de partes pela qual se divide.

```
  4 0 | 5
− 4 0   8
    0
```

resto: quanto sobra da divisão.

quociente: resultado da divisão.

O **quociente** da divisão de 40 por 5 é 8, e o **resto** é zero.
40 ÷ 5 = 8

- O divisor deve ser diferente de zero.
- O resto deve ser menor do que o divisor.

O sinal utilizado na divisão é ÷, que se lê "dividido por".
Exemplo: 45 ÷ 9 = 5.

Divisão exata

Dona Júlia vai dividir 60 bolinhas de gude igualmente entre seus 5 netos. Observe o cálculo que ela fez:

Processo longo

```
 6 0 | 5
- 5    12
 1 0
-1 0
resto ——→ 0
```

Processo curto

```
 6 0 | 5
 1 0   12
resto ——→ 0
```

Cada neto de Júlia ficará com 12 bolinhas de gude. Note que os dois processos de divisão têm o resto igual a zero.

> Quando fazemos uma divisão em que o **resto é zero,** dizemos que essa é uma **divisão exata**.

Divisão não exata

Amanda comprou 50 figurinhas e vai dividi-las igualmente com seus dois irmãos. Quantas figurinhas cada um vai receber? Sobrará alguma?

Processo longo

```
 5 0 | 3
- 3    16
 2 0
-1 8
resto ——→ 2
```

Processo curto

```
 5 0 | 3
 2 0   16
resto ——→ 2
```

Cada irmão ficará com 16 figurinhas e sobrarão 2 figurinhas. Observe que essa divisão tem resto diferente de zero.

> Quando fazemos uma divisão em que o **resto é diferente de zero**, dizemos que essa é uma **divisão não exata**. Em uma divisão, o **resto** sempre deve ser **menor que o divisor**.

Observe estas divisões e a maneira de resolvê-las.

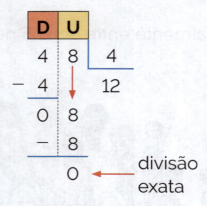

D	U
4	8

4 8 | 4
− 4 ↓ | 12
0 8
− 8
0 ← divisão exata

- Iniciamos a divisão pelas dezenas:
  $4 \div 4 = 1$, porque $1 \times 4 = 4$
  $4 - 4 = 0$ (resto)
- Dividimos as unidades:
  $8 \div 4 = 2$, porque $2 \times 4 = 8$
  $8 - 8 = 0$ (resto)

C	D	U
3	8	9

3 8 9 | 2
− 2 ↓ | 194
1 8
− 8
0 9
− 8
1 ← divisão não exata

- Iniciamos a divisão pelas centenas:
  $3 \div 2$ resulta em 1 e resta 1, porque
  $1 \times 2 + 1 = 3$
  1 centena + 8 dezenas = 18 dezenas
- Dividimos as dezenas:
  $18 \div 2 = 9$, porque $9 \times 2 = 18$
  $18 - 18 = 0$ (resto)
- Dividimos as unidades:
  $9 \div 2$ resulta em 4 e resta 1, porque
  $4 \times 2 + 1 = 9$

UM	C	D	U
4	3	3	5

4 3 3 5 | 4
− 4 ↓ ↓ ↓ | 1083
0 3 3
− 3 2
0 1 5
− 1 2
3 ← divisão não exata

- Iniciamos a divisão pelas unidades de milhar:
  $4 \div 4 = 1$, porque $1 \times 4 = 4$
  $4 - 4 = 0$ (resto)
- Dividimos as centenas:
  Como não podemos dividir 3 por 4, colocamos 0 (zero) no quociente. Juntamos as 3 centenas com as 3 dezenas e obtemos 33 dezenas.
- Dividimos as dezenas:
  $33 \div 4$ resulta em 8 e resta 1, porque
  $8 \times 4 + 1 = 33$
  1 dezena + 5 unidades = 15 unidades
- Dividimos as unidades:
  $15 \div 4$ resulta em 3 e restam 3, porque
  $3 \times 4 + 3 = 15$

ATIVIDADES

1 Arme e efetue estas divisões.

a) 35 ÷ 5

d) 876 ÷ 2

g) 2 846 ÷ 2

b) 45 ÷ 3

e) 936 ÷ 5

h) 9 568 ÷ 3

c) 52 ÷ 4

f) 278 ÷ 6

i) 6 367 ÷ 5

2 Complete as lacunas.

a) Quando dividimos _____ por 9, obtemos 4 como resultado. Nessa divisão, o 36 é chamado de dividendo, o 9 de _____ e o 4 de quociente.

b) As divisões em que o resto é _____ são chamadas de exatas e as divisões em que o resto é _____ são chamadas de não exatas.

c) Em uma divisão, o resto é 1, o _____ é 2 e o dividendo é 31. Assim, o divisor é igual a _____.

3 Calcule mentalmente as divisões a seguir e complete-as com os quocientes.

a) $30 \div 15 =$ _____

$300 \div 15 =$ _____

$3\,000 \div 15 =$ _____

c) $28 \div 7 =$ _____

$280 \div 7 =$ _____

$2\,800 \div 7 =$ _____

b) $99 \div 3 =$ _____

$990 \div 30 =$ _____

$9\,900 \div 300 =$ _____

d) $2\,400 \div 8 =$ _____

$2\,400 \div 80 =$ _____

$2\,400 \div 800 =$ _____

4 Relacione as divisões com a coluna da direita.

a) $754 \div 4$

b) $81 \div 3$

c) $672 \div 2$

d) $1\,024 \div 16$

e) $64 \div 3$

f) $578 \div 9$

☐ O resto é igual a 1.

☐ O quociente é igual a 336.

☐ O resto é igual a 2.

☐ Tem quociente 64 e resto 2.

☐ O quociente é igual a 27.

☐ O quociente é igual a 64.

5 Faça o que se pede nos itens a seguir.

a) Calcule a divisão do número 1024 pelos números 2, 4, 6 e 8.

b) Há alguma divisão não exata? Se sim, diga qual é e explique o motivo.

_____

_____

Divisão com divisor de dois algarismos

Numa divisão com dois algarismos no divisor, iniciamos utilizando dois algarismos do dividendo, sempre começando pela maior ordem (no caso de o número ter mais de duas ordens).

Observe os exemplos:

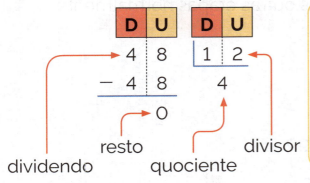

dividendo   resto   quociente   divisor

- Determinamos o número que multiplicado por 12 dê 48 ou chegue mais próximo; encontramos 4, pois 4 × 12 = 48.
- Subtraímos esse produto do dividendo e encontramos o resto.

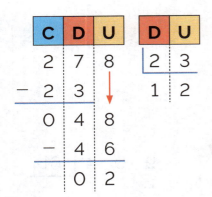

- Iniciamos pela divisão 27 ÷ 23, que tem quociente 1 e resto 4, porque 1 × 23 = 23 é o valor que chega mais perto de 27.
- Subtraímos o produto 23 de 27 e encontramos 4 como resto.
- Juntamos as 4 dezenas do resto com 8 unidades, que é igual a 48 unidades:
  48 ÷ 23 tem quociente 2 e resto 2, porque
  2 × 23 = 46 é o valor que chega mais perto de 48.
- Subtraímos 46 de 48 e encontramos 2 como resto.

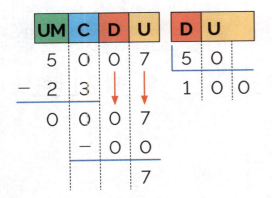

- Iniciamos pela divisão 50 ÷ 50 = 1, com resto 0 (zero).
- Ao juntar o resto 0 com o próximo algarismo a ser dividido (da ordem das dezenas), temos 0 ÷ 50 = 0. Deve ser colocado um zero no quociente.
- Abaixamos agora o algarismo das unidades para juntar-se ao resto, mas, como não podemos dividir 7 por 50, colocamos mais um 0 no quociente e encontramos 7 como resto.

UM	C	D	U		D	U
2	4	5	3		3	3
− 2	3	1	↓		7	4
0	1	4	3			
−	1	3	2			
	0	1	1			

- Neste caso, não podemos iniciar dividindo 24 por 33, então utilizamos três algarismos do dividendo para fazer a divisão 245 ÷ 33, que resulta em 7, porque 7 × 33 = 231 (é o valor que chega mais perto de 245), e prosseguimos com as outras etapas normalmente.

ATIVIDADES

1 Efetue estas divisões pelo processo longo.

a)
$$5\ 2\ \underline{|\ 26}$$

d)
$$9\ 0\ \underline{|\ 30}$$

g)
$$5\ 9\ 6\ \underline{|\ 31}$$

b)
$$8\ 0\ \underline{|\ 40}$$

e)
$$6\ 9\ \underline{|\ 23}$$

h)
$$9\ 0\ 4\ \underline{|\ 61}$$

c)
$$6\ 5\ \underline{|\ 13}$$

f)
$$4\ 9\ 6\ \underline{|\ 21}$$

i)
$$9\ 4\ 7\ \underline{|\ 86}$$

2 Faça estas divisões no caderno e depois ligue as colunas da seguinte maneira: a coluna da esquerda com a coluna central e a coluna central à coluna da direita.

Divisão	Quociente	Resto
a) 6 753 ÷ 42	33	11
b) 8 942 ÷ 28	153	33
c) 2 306 ÷ 15	160	10
d) 1 007 ÷ 30	319	17

3 Efetue as divisões conforme o exemplo.

> 4 880 ÷ 16 =
> = (4 000 + 800 + 80) ÷ 16 =
> = 4 000 ÷ 16 + 800 ÷ 16 + 80 ÷ 16 =
> = 250 + 50 + 5 = 305

a) 6 340 ÷ 20 =   **b)** 8 480 ÷ 80 =

4 Divida a quantia de dinheiro pelo número de pessoas.

Total em reais	Número de pessoas	Valor por pessoa
a)	20	
b)	5	

Imagens: Banco Central do Brasil

1 Luana vai organizar uma estante de livros. Para isso, ela precisa distribuir igualmente 48 livros nas 3 prateleiras dessa estante. Quantos livros ela colocará em cada prateleira?

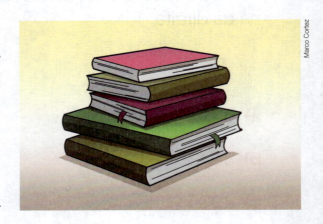

_____

_____

2 Uma escola tem 280 alunos matriculados no 4º ano. Se cada turma tem 40 alunos, quantas turmas de 4º ano há nessa escola?

_____

_____

3 Adilson comprou 15 mochilas do mesmo modelo para revender em sua loja. Nessa compra, ele gastou 675 reais. Quanto custou cada mochila?

_____

_____

4 Uma fábrica de doces caseiros produziu, em um dia, 1300 doces de um mesmo tipo. A embalagem desse tipo de doce é uma caixa em que cabem 24 unidades. Quantas caixas foram preenchidas nesse dia?

_____

_____

_____

5 Carlos tinha 2040 reais em sua conta-corrente. Ele retirou metade desse dinheiro para dividir igualmente entre seus 3 filhos. Qual valor cada filho de Carlos recebeu?

_____

_____

_____

6 Após a apresentação de uma peça, foram arrecadados 3000 reais. Metade desse valor foi usado para pagar o teatro, e a outra metade, para pagar a companhia de teatro, composta de 4 pessoas. Quanto recebeu cada pessoa da companhia de teatro após essa apresentação?

_____

_____

7 Thiago usou um balde para encher com água completamente um recipiente em que cabiam 190 litros. A capacidade do balde que ele usou era de 12 litros. Em todas as viagens, ele encheu o balde completamente. Quantas vezes ele precisou encher o balde para preencher todo o recipiente?

_____

_____

_____

8 Antônio comprou uma geladeira que custava R$ 1792,00. Como pagamento, ele deu R$ 400,00 de entrada e parcelou a diferença entre o valor da geladeira e o valor da entrada em 4 vezes sem juros. Quanto Antônio pagou em cada parcela?

_____

_____

Divisão por 10, 100 e 1000

Existem casos especiais de divisão, cujo cálculo é facilitado por algumas regras.

Observe estas divisões:

```
  9  0 | 10
− 9  0   9
  0  0
```

```
  9  0  0 | 100
− 9  0  0   9
  0  0  0
```

```
  9  0  0  0 | 1000
− 9  0  0  0   9
  0  0  0  0
```

> Para dividir um número terminado em um, dois ou três zeros por **10**, **100** ou **1000**, basta **eliminar um**, **dois** ou **três zeros** do número, respectivamente.

- Por 10, eliminamos **um zero**.

  Exemplos:
  780 ÷ 10 = 78
  90 ÷ 10 = 9

- Por 100, eliminamos **dois zeros**.

  Exemplos:
  9 500 ÷ 100 = 95
  200 ÷ 100 = 2

- Por 1000, eliminamos **três zeros**.

  Exemplos:
  8 000 ÷ 1000 = 8
  19 000 ÷ 1000 = 19

ATIVIDADES

1 Complete a sequência e responda às questões.

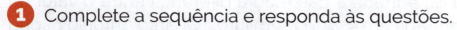

6 000 000 → 600 000 → ⬚ → ⬚ → ⬚ → ⬚ → 6

a) Por quanto deve ser dividido um número da sequência para se chegar ao próximo número? _____

b) Essa sequência é crescente ou decrescente? _____

2 Efetue estas operações.

a) 80 ÷ 10 = _____
b) 90 ÷ 10 = _____
c) 360 ÷ 10 = _____
d) 470 ÷ 10 = _____
e) 300 ÷ 100 = _____
f) 800 ÷ 100 = _____

g) 7000 ÷ 100 = _____
h) 5800 ÷ 100 = _____
i) 98000 ÷ 1000 = _____
j) 56000 ÷ 1000 = _____
k) 3000 ÷ 1000 = _____
l) 1500 ÷ 100 = _____

3 Faça estas divisões mentalmente e escreva os resultados.

a) 46000 ÷ 10 = _____
   46000 ÷ 100 = _____
   46000 ÷ 1000 = _____

d) 456000 ÷ 10 = _____
   456000 ÷ 100 = _____
   456000 ÷ 1000 = _____

b) 7000 ÷ 10 = _____
   7000 ÷ 100 = _____
   7000 ÷ 1000 = _____

e) 53000 ÷ 1000 = _____
   5300 ÷ 100 = _____
   530 ÷ 10 = _____

c) 230000 ÷ 10 = _____
   230000 ÷ 100 = _____
   230000 ÷ 1000 = _____
   230000 ÷ 10000 = _____

f) 999000 ÷ 1000 = _____
   9990 ÷ 10 = _____
   99900 ÷ 100 = _____

4 Ligue as colunas:

Dividendo	Divisor	Quociente
3990	1000	935
8000	10000	399
20500	10	205
9350000	100	8

95

PROBLEMAS

1 Os orfanatos A, B, C, D, E e F receberam quantias em dinheiro para administrar os cuidados com as crianças durante uma semana de funcionamento. Veja os dados na tabela a seguir e, depois, faça o que se pede.

Orfanato	Quantidade de crianças	Valor semanal (em reais)
A	20	1200
B	12	1800
C	10	1500
D	40	4000
E	25	1500
F	30	1800

a) Qual valor o orfanato D tem para administrar os cuidados de uma criança por uma semana? _____

b) E o orfanato C? _____

c) Quais orfanatos têm a maior quantia de dinheiro por criança para ser administrado em uma semana? _____

d) Quais orfanatos têm a menor quantia de dinheiro por criança para ser administrado em uma semana? _____

e) Faça um gráfico de setores indicando a quantia destinada à assistência por criança em cada orfanato.

Verificação da multiplicação e da divisão

Multiplicação

Podemos verificar se a multiplicação está correta aplicando sua operação inversa, que é a divisão.

Exemplo:

$$9 \longrightarrow \text{multiplicando}$$
$$\times \quad 3 \longrightarrow \text{multiplicador}$$
$$2 \quad 7 \longrightarrow \text{produto}$$

Temos duas possibilidades:

- dividimos o **produto** pelo **multiplicando** e encontramos o **multiplicador**;

  $3 \times 9 = 27 \longrightarrow 27 \div 9 = 3$

- dividimos o **produto** pelo **multiplicador** e encontramos o **multiplicando**.

  $3 \times 9 = 27 \longrightarrow 27 \div 3 = 9$

Divisão

Para verificarmos se a divisão está correta, aplicamos a operação inversa, que é a multiplicação.

Na **divisão exata**:

Exemplo:

dividendo $\longrightarrow$ 28 | 7 $\longleftarrow$ divisor

$- \ 28$ $\quad$ 4 $\longleftarrow$ quociente

resto $\longrightarrow$ 0

- Multiplicamos o **quociente** pelo **divisor** e encontramos o **dividendo**.

  $4 \times 7 = 28$

Na **divisão não exata**:
Exemplo:

dividendo → 29 | 4 ← divisor

−28   7 ← quociente

resto →   1

- Multiplicamos o **quociente** pelo **divisor** e somamos o **produto** dessa multiplicação ao **resto**. O resultado será igual ao **dividendo**.

$$7 \times 4 + 1 = 29$$

Assim, chegamos a uma relação importante, que servirá para qualquer caso da divisão e poderá ser aplicada em muitos problemas.

quociente × divisor + resto = dividendo

 **ATIVIDADES**

1 Resolva as multiplicações a seguir e verifique os resultados, conforme o modelo.

22 × 6 = ___132___

20 × 6 + 2 × 6 =

= 120 + 12 = 132

132 ÷ 6 = 22

ou

132 ÷ 22 = 6

b) 24 × 8 = _____

a) 15 × 9 = _____

c) 37 × 10 = _____

2 Arme e efetue estas divisões. Depois verifique se estão corretas.

a) 435 ÷ 3

b) 2 056 ÷ 8

3 Descubra o número em que Juliana e Marcelo pensaram.

a)

Pensei em um número e multipliquei esse número por 3.

O resultado foi 72.

_____

b)

Pensei em um número e dividi esse número por 4.

O resultado foi 16.

_____

Ilustrações: Danilo Souza

4 Agora é sua vez de desafiar um colega a descobrir o número em que pensou, fazendo como Juliana e Marcelo.

Expressões numéricas envolvendo as quatro operações

Em uma expressão, devemos efetuar primeiro a **multiplicação** ou a **divisão** e, em seguida, a **adição** ou a **subtração**, obedecendo à ordem em que aparecem na expressão.

Exemplos:

a) $15 \div 3 + 4 \times 3 - 6 =$

$= 5 + 12 - 6 =$

$= 17 - 6 = 11$

b) $80 - 25 \times 3 + 26 + 8 \div 2$

$= 80 - 75 + 26 + 4 =$

$= 5 + 26 + 4 =$

$= 31 + 4 = 35$

c) $15 \times 3 \div 5 - 7 =$

$= 45 \div 5 - 7 =$

$= 9 - 7 = 2$

d) $6 + 8 - 25 \div 5 + 3 =$

$= 6 + 8 - 5 + 3 =$

$= 14 - 5 + 3 =$

$= 9 + 3 = 12$

ATIVIDADES

1 Relacione as expressões numéricas da coluna da esquerda com seus resultados na coluna da direita.

$27 \div 9 \times 5 + 4 + 2 - 4$	15
$18 \div 3 \times 4 - 5 \times 2 + 1$	16
$4 + 7 + 63 \div 9 - 2$	17

2 Efetue as operações abaixo. Pinte cada uma delas e o resultado correspondente da mesma cor, conforme o exemplo.

$12 \div 4 + 5 \times 2 - 6 =$
$= 3 + 10 - 6 =$
$= 13 - 6 = 7$

7

a) $8 \times 5 - 24 \div 6 + 1 =$

128

b) $9 \times 8 - 20 \div 4 + 2 =$

18

c) $104 \div 4 - 8 \times 1 =$

31

d) $81 \div 27 + 6 \times 13 - 4 =$

37

e) $9 \times 8 + 153 \div 3 + 7 - 2 =$

20

f) $81 \div 9 + 5 \times 7 - 2 \times 1 =$

42

g) $35 \div 7 + 4 \times 8 - 6 =$

69

h) $280 \div 4 - 7 \times 8 + 6 =$

77

MÚLTIPLOS E DIVISORES

Múltiplos de um número natural

Tenho de guardar meus 198 bonecos. Será que consigo dividi-los igualmente em 9 caixas?

Sim! O número 198 é múltiplo de 9!

Na divisão de 198 por 9, obtemos quociente 22 e resto zero.

Como o resto é igual a zero, dizemos que 198 é múltiplo de 9, ou que 198 é divisível por 9, ou, ainda, que 9 é divisor de 198.

> **Múltiplo** de um número natural é o produto desse número por um número natural qualquer.

Observe:

- $9 \times 0 = 0$
- $9 \times 1 = 9$
- $9 \times 2 = 18$
- $9 \times 3 = 27$
- $9 \times 4 = 32$
- $9 \times 5 = 45$ etc.

0, 9, 18, 27, 32 e 45 são múltiplos de 9.

Representamos assim: M(9) = {0, 9, 18, 27, 32, 45, ...}.

O conjunto dos múltiplos de um número natural diferente de zero é infinito.

- Para determinar os múltiplos de um número, basta multiplicá-lo pelos números naturais: 0, 1, 2, 3, 4, 5, ...
- O zero é múltiplo de qualquer número.
- O zero só tem um múltiplo, que é o próprio zero.

$9 \times 0 = 0$ $5 \times 0 = 0$ $1 \times 0 = 0$ $0 \times 0 = 0$

> Todo número natural é múltiplo de 1.

M(1) = {0, 1, 2, 3, 4, 5, 6, 7, 8, 9, ...}

> Todo número natural é múltiplo de si mesmo.

$4 \times 1 = 4$ $8 \times 1 = 8$ $7 \times 1 = 7$

Alguns múltiplos de números naturais recebem nomes especiais. Vamos conhecer os mais utilizados. Acompanhe.

Dobro

Lilian Gonzaga

> Para encontrar o **dobro** de um número, é só multiplicá-lo por **2**.

O dobro de 3 é 6.
$2 \times 3 = 6$

103

Triplo

Para encontrar o **triplo** de um número, é só multiplicá-lo por **3**.

O triplo de 2 é 6.
$3 \times 2 = 6$

Quádruplo

Para encontrar o **quádruplo** de um número, é só multiplicá-lo por **4**.

O quádruplo de 4 é 16.
$4 \times 4 = 16$

Quíntuplo

Para encontrar o **quíntuplo** de um número, é só multiplicá-lo por **5**.

O quíntuplo de 2 é 10.
$5 \times 2 = 10$

ATIVIDADES

1 Ligue as colunas.

a)

dobro

b)

quádruplo

c)

quíntuplo

2 Complete o quadro com os múltiplos dos números.

	Dobro	Triplo	Quádruplo	Quíntuplo
a) 42				
b) 87				
c) 163				
d) 437				
e) 618				

3 Complete as sequências.

a) 0   7   14   ⬚ ⬚ ⬚ ⬚ ⬚   56

b) 0   13   26   ⬚ ⬚ ⬚ ⬚ ⬚   104

c) 0   9   18   ⬚ ⬚ ⬚ ⬚ ⬚   72

4 Complete a tabela com os múltiplos.

×	0	1	2	3	4	5	6	7	8
5									
7									
10									
12									
17									

5 Escreva **V** se for verdadeiro e **F** se for falso.

⬚ 16 é múltiplo de 8

⬚ 18 é múltiplo de 9

⬚ 4 é múltiplo de 3

⬚ 0 é múltiplo de 11

⬚ 99 é múltiplo de 2

⬚ 32 é múltiplo de 7

⬚ 42 é múltiplo de 6

⬚ 27 é múltiplo de 3

⬚ 9 é múltiplo de 7

⬚ 5 é múltiplo de 5

PROBLEMAS

1 Em uma página de um álbum de figurinhas, há 5 fileiras com 4 figurinhas em cada fileira. Quantas figurinhas cabem nessa página?

_____

2 Júlia, Guilherme e Fernando são irmãos. Fernando tem 8 anos, Júlia tem o dobro da idade de Fernando. Guilherme é 2 anos mais novo que Júlia. Qual é a idade de Guilherme?

_____

3 Roberto tem 12 canetinhas e Carina tem o triplo da quantidade de canetinhas de Roberto. Quantas canetinhas os dois têm juntos?

_____

DESAFIO

1 Uma competição vai dar um prêmio em dinheiro para os três primeiros colocados. O terceiro colocado receberá 450 reais, o segundo receberá o dobro dessa quantia, e o primeiro, o triplo. Quanto a organização da competição pagará no total com essa premiação?

_____

Divisores de um número real

Gabriela quer dividir em partes iguais os 24 morangos que ganhou de sua avó. Observe como Gabriela pode dividir, igualmente, os morangos.

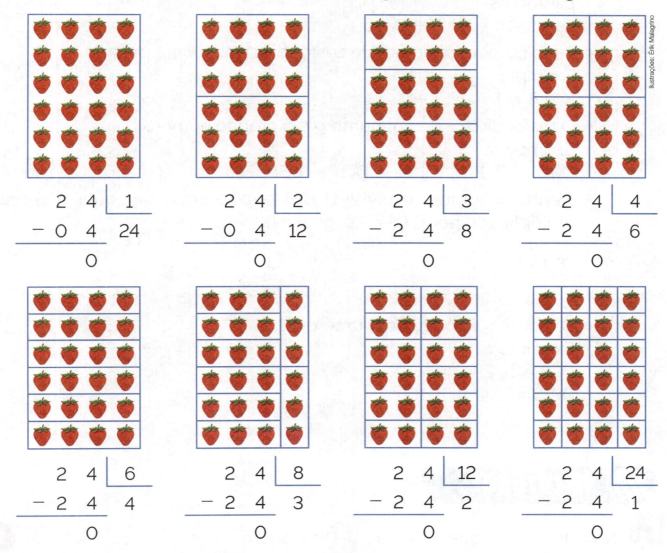

Gabriela pode dividir, igualmente, em porções com 1, 2, 3, 4, 6, 8, 12 ou 24 morangos.

Assim, chamamos os números 1, 2, 3, 4, 6, 8, 12 e 24 de **divisores** de 24.

Representamos assim: D(24) = {1, 2, 3, 4, 6, 8, 12, 24}.

> O número que divide um número natural sem deixar resto é chamado de **divisor**.

Como 1, 2, 3, 4, 6, 8, 12 e 24 são os **divisores** de 24, podemos dizer que 24 é **divisível** por esses números.

SAIBA MAIS

- O número 1 é divisor de qualquer número.
  Exemplos:
  $8 \div 1 = 8$ $6 \div 1 = 6$

- Todo número diferente de zero é divisível por ele mesmo.
  Exemplos:
  $8 \div 8 = 1$ $7 \div 7 = 1$

- O maior divisor de um número é o próprio número.
  Exemplos:
  $D(10) = \{1, 2, 5, 10\}$ $D(5) = \{1, 5\}$

- Nenhum número é divisível por zero, porque qualquer número multiplicado por 0 (zero) é igual a 0 (zero).

$$8 \mid \underline{0}$$
$$?$$

$$6 \mid \underline{0}$$
$$?$$

- O menor divisor de um número é 1.
  Exemplos:
  $D(2) = \{1, 2\}$
  $D(16) = \{1, 2, 4, 8, 16\}$

ATIVIDADES

1 No quadro a seguir, pinte de ⬤ os divisores comuns de 9 e 12, de 🔴 os divisores apenas de 9 e não de 12 e de 🟡 os divisores apenas de 12 e não de 9.

7	1	4	8	3	9
10	11	12	6	2	5

2 Escreva **V** se for verdadeiro e **F** se for falso.

☐ 2 é divisor de 20   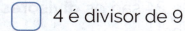 4 é divisor de 9   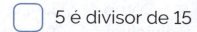 5 é divisor de 15

3 Complete as lacunas.

a) O número _____ é divisor de qualquer número.

b) Nenhum número é divisível por _____.

c) O _____ divisor de um número é ele mesmo.

d) O _____ divisor de um número é 1.

4 Determine os divisores dos números abaixo e circule seu maior divisor.

a) D(30) = _____

c) D(15) = _____

b) D(7) = _____

d) D(48) = _____

$+\frac{2}{7}$ **PROBLEMAS**

1 Um repositor precisa colocar 54 pacotes de biscoitos na prateleira de um supermercado. No espaço para colocar os pacotes dá para fazer 6 pilhas. Para que as pilhas tenham quantidades iguais, de que modo ele pode organizar os pacotes?

_____

2 Um feirante quer fazer embalagens para vender 56 maçãs.

Sabendo que as embalagens devem ter a mesma quantidade de maçãs e o mínimo de embalagens deve ser 4, de quantos modos ele pode fazer isso? Explique.

_____

_____

_____

_____

Divisibilidade

Quando um número é divisível por outro?

> Dizemos que um número é divisível por outro quando a divisão é **exata**.

Exemplos:

- 48 é divisível por 2

```
4  8 | 2
0  8   24
   0 ——→ Como o resto é igual a
         zero, a divisão é exata.
```

- 65 não é divisível por 3

```
6  5 | 3
0  5   21
   2 ——→ Como o resto é diferente de
         zero, a divisão é não exata.
```

Há várias maneiras de verificar se um número é divisível por outro sem efetuar a divisão.

Divisibilidade por 2

> Um número natural é **divisível por 2** quando termina em **0**, **2**, **4**, **6** ou **8**.

Exemplos:

```
4  2  0 | 2              7  8  4 | 2
0  2     210            1  8     392
   0  0                    0  4
                             0
```

Logo, os números 420 e 784 são divisíveis por 2.

> Todo **número par** é divisível por **2**.

Divisibilidade por 3

Um número natural é **divisível por 3** quando a soma dos valores absolutos de seus algarismos for **divisível por 3**.

Exemplo:

```
2  3  1 | 3
   2  1   77
      0
```

2 + 3 + 1 = 6, e 6 é divisível por 3; logo, o número 231 é divisível por 3.

Divisibilidade por 5

Um número natural é **divisível por 5** quando termina em 0 ou 5.

Exemplos:

```
1  8  5 | 5              8  4  0 | 5
   3  5   37                3  4   168
      0                        4  0
                                  0
```

Logo, os números 185 e 840 são divisíveis por 5.

Divisibilidade por 10

Um número natural é **divisível por 10** quando termina em 0.

Exemplo:

```
4  8  5  0 | 10
   8  5      485
      5  0
         0
```

ATIVIDADES

1 Observe os números no quadro a seguir e marque um **X** naqueles que são divisíveis por 2, 3 e 5.

	68	90	42	165	155	300	420
Divisível por 2							
Divisível por 3							
Divisível por 5							

2 Pinte os retângulos dos números divisíveis por 2 de ( ) e circule os números divisíveis por 5.

12	33	57	60	81	135	150
221	346	459	500	675	713	802
930	1027	1249	1315	1553	5552	7010

3 Observe o quadro da atividade anterior e complete.

a) Os números do quadro pintados de azul e circulados ao mesmo tempo são: _____.

b) Todos os números pintados de azul e circulados ao mesmo tempo são terminados em _____.

c) Todo número que é divisível por 2 e por 5 ao mesmo tempo é divisível por _____.

4 Observe as sequências e complete-as. Em seguida, escreva o número pelo qual cada sequência é divisível (pode ser mais de um número).

a) 10, 12, 14, _____, _____, _____, _____, _____

Os números desta sequência são divisíveis por: _____.

b) 60, 63, 66, _____, _____, _____, _____, _____

Os números desta sequência são divisíveis por: _____.

c) 100, 110, 120, _____, _____, _____, _____, _____

Os números desta sequência são divisíveis por: _____, _____ e _____.

5 Qual é o menor valor que deve ser adicionado ao número 431 para que ele seja divisível por 5?

_____

6 Responda:

a) Quando um número é divisível por 2?

_____

b) Quando um número é divisível por 3?

_____

c) Quando um número é divisível por 5?

_____

d) Quando um número é divisível por 10?

_____

7 Preencha com **sim** ou **não**.

Número	Divisível por 2	Divisível por 3	Divisível por 5	Divisível por 10
512				
795				
850				
1 200				

8 Relacione as colunas:

a) 346 980 725

b) 123 758 901

c) 984 279 098

d) 679 426 520

☐ Divisível por 2.

☐ Divisível por 3.

☐ Divisível por 5.

☐ Divisível por 2, por 5 e por 10.

Números primos

Observe os divisores dos números abaixo:

D(2) = {1, 2}

D(3) = {1, 3}

D(5) = {1, 5}

D(7) = {1, 7}

Você percebeu alguma semelhança entre eles?

Os números **2**, **3**, **5** e **7** são divisíveis apenas por **1** e por **eles mesmos**, portanto, são **números primos**.

Números primos são os números naturais que têm **apenas dois divisores**: o número 1 e o próprio número.

Para saber se um número é primo, encontramos seus divisores e observamos se ele tem mais divisores além do 1 e dele mesmo.

Por exemplo:

6 ÷ 1 = 6   6 ÷ 3 = 2

6 ÷ 2 = 3   6 ÷ 6 = 1

D(6) = {1, 2, 3, 6}

O número 6 não é primo, pois ele tem mais divisores além do 1 e dele próprio.

Atenção!

- **1 não é número primo**, porque ele tem apenas um divisor, que é ele mesmo.
- O **único número par** que é primo é **2**, porque ele só tem dois divisores: 1 e ele mesmo.
- O conjunto dos números primos é **infinito**.

Oi, primo!

Tudo bem, primo?

Rodrigo Alves

1 Descubra os números primos de 1 a 100 na tabela abaixo.
Para isso, elimine os números que **não são primos** marcando-os com **X**.
Siga as dicas. Marque:

a) o número que só tem um divisor;

b) os números divisíveis por 2 (exceto ele próprio);

c) dos números restantes, os divisíveis por 3 (exceto ele próprio);

d) dos números que sobraram, os divisíveis por 5 (exceto ele próprio);

e) para finalizar, os divisíveis por 7 (exceto ele próprio). Como não vimos nenhuma regra de divisibilidade por 7, encontre seus múltiplos entre 1 e 100 e os elimine da tabela.

1	2	3	4	5	6	7	8	9	10
11	12	13	14	15	16	17	18	19	20
21	22	23	24	25	26	27	28	29	30
31	32	33	34	35	36	37	38	39	40
41	42	43	44	45	46	47	48	49	50
51	52	53	54	55	56	57	58	59	60
61	62	63	64	65	66	67	68	69	70
71	72	73	74	75	76	77	78	79	80
81	82	83	84	85	86	87	88	89	90
91	92	93	94	95	96	97	98	99	100

■ Para ficar mais fácil a visualização dos números primos entre 1 e 100, pinte os números que sobraram.

2 Marque com **X** os itens compostos apenas de números primos.

☐ {13, 17, 27}

☐ {13, 17, 19}

☐ {19, 21, 23}

☐ {21, 23, 29}

☐ {19, 23, 29}

☐ {11, 25, 30}

3 Complete as lacunas.

a) Números primos são os números naturais que têm apenas _____ divisores: o número 1 e o _____ número.

b) O número 1 não é _____ porque ele tem apenas um _____, que é ele mesmo.

c) O único número par que é primo é _____, porque ele só tem dois _____: 1 e ele mesmo.

4 Siga as dicas para descobrir os números primos. Depois, pinte-os.

a) Assinale os números pares.

b) Assinale os múltiplos de 3.

c) Assinale os múltiplos de 5.

d) Assinale os múltiplos de 7. O número 105 é o primeiro múltiplo de 7 da tabela.

e) Assinale os múltiplos de 11. O número 110 é o primeiro.

101	102	103	104	105	106	107	108	109	110
111	112	113	114	115	116	117	118	119	120
121	122	123	124	125	126	127	128	129	130

(!) SAIBA MAIS

Nas **atividades 1** e **4** que você acabou de fazer, utilizamos um método simples e prático para determinar os números primos conhecido como crivo de Eratóstenes.

O método recebe esse nome porque foi desenvolvido por um matemático, geógrafo e astrônomo grego chamado Eratóstenes, que viveu de 276 a.C. a 194 a.C. Embora seja muito antigo, ainda hoje esse método é um dos mais simples para obter a sequência de números primos.

Eratóstenes.

Pense rápido no "jogo do primo".

Forme um grupo de 3 a 5 alunos. Confeccionem, em cartolina, 4 conjuntos de cartas numeradas de 1 a 12, totalizando 48 cartas.

Como jogar

1. A cada rodada, um dos alunos embaralha as cartas e distribui 2 para cada participante com os valores voltados para baixo.
2. Após todos receberem as cartas, devem virá-las ao mesmo tempo e efetuar a soma dos dois valores.
3. Aquele que identificar que sua soma é um número primo deve falar "primo" e mostrá-la aos demais para conferência. O primeiro que falar "primo" e estiver correto, fica com as próprias cartas.
4. Os demais devolvem as cartas para o próximo participante embaralhar.
5. Se, por engano, um dos participantes falar "primo", o participante que descobrir o erro pega para si as cartas de quem errou.
6. Ganha o jogo quem tiver a maior quantidade de cartas.

Danillo Souza

SENTENÇAS MATEMÁTICAS

Valor do termo desconhecido

Júlio e Helena arrecadaram brinquedos para doar a 7 orfanatos. Sabendo que cada orfanato recebeu 32 brinquedos sem que houvesse sobra, quantos brinquedos foram arrecadados?

Estúdio Mil

Para responder a essa questão, podemos montar uma **sentença matemática** utilizando uma letra, um desenho ou qualquer símbolo que represente o valor do **termo desconhecido**.

Nesse caso, o valor do termo desconhecido é a quantidade de brinquedos arrecadados, que será representada por um ■.

Montamos a sentença matemática formulando uma pergunta:

Qual número dividido por 7 tem como resultado 32?

■ ÷ 7 = 32

> Para encontrarmos o valor do termo desconhecido, aplicamos a operação inversa.

■ = 32 × 7
■ = 224

Portanto, foram arrecadados 224 brinquedos.

Acompanhe outros exemplos.

a) ■ + 8 = 12
   ■ = 12 − 8 ——→ subtração (operação inversa da adição)
   ■ = 4

b) ■ − 5 = 10
   ■ = 10 + 5 ——→ adição (operação inversa da subtração)
   ■ = 15

c) ■ × 3 = 27
   ■ = 27 ÷ 3 ——→ divisão (operação inversa da multiplicação)
   ■ = 9

d) ■ ÷ 5 = 8
   ■ = 8 × 5 ——→ multiplicação (operação inversa da divisão)
   ■ = 40

! SAIBA MAIS

O termo desconhecido também é chamado de **incógnita**. Nos livros de Matemática, geralmente a incógnita é representada por letras como **x**, **y** e **z** ou **a**, **b** e **c**. A ideia de usar letras no lugar do termo desconhecido foi do matemático francês François Viète, que viveu no final do século XVI.

Biblioteca do Congresso, Washington

François Viète.

ATIVIDADES

1 Ligue os itens com suas operações inversas.

a) 67 × 32 = 2144

b) 876 − 574 = 302

c) 23 + 87 = 110

d) 51 ÷ 3 = 17

17 × 3 = 51

302 + 574 = 876

110 − 87 = 23

2144 ÷ 32 = 67

2 Determine o valor do termo desconhecido, representado pelo ■.

a) ■ + 38 = 45

d) ■ − 18 = 82

g) ■ ÷ 6 = 7

b) ■ + 61 = 73

e) ■ × 4 = 16

h) ■ ÷ 8 = 12

c) ■ − 23 = 36

f) ■ × 7 = 56

i) ■ × 11 = 121

3 Um número menos 36 é igual a 63. Que número é esse?

_____

4 O dobro de um número é 28. Que número é esse?

_____

5 O triplo de um número é 66. Que número é esse?

_____

PROBLEMAS

1 Andressa foi a um parque em um passeio da escola. Na bilheteria, o preço do ingresso inteiro custava 70 reais. Foram comprados 5 ingressos inteiros e 38 pessoas pagaram meia-entrada, ou seja, metade do valor do ingresso inteiro. Crianças de 1 a 6 anos pagavam menos.

a) Quanto custava a meia-entrada?

Racheal Grazias/Shutterstock.com

_____

b) Quanto foi gasto na compra de todas as meias-entradas?

_____

c) Quanto foi gasto na compra de todos os ingressos inteiros?

_____

d) Com o grupo, havia uma criança de 5 anos. Para que todos entrassem no parque foram pagos 1695 reais. Quanto custava o ingresso para crianças de 1 a 6 anos?

_____

2 Sílvio comprou 6 livros e, juntando com os que já tinha, ficou com 52 livros. Quantos livros Sílvio tinha antes de comprar os 6 livros?

_____

3 Laura propôs o seguinte desafio a Pedro: Pensei em um número, adicionei 45 a ele e obtive o número 71, em que número pensei?

_____

4 Pedro desafiou Laura também. Ele disse que pensou em um número e o triplo dele é 24. Em seguida, Laura respondeu que o número é 72. Ela acertou o número em que Pedro pensou?

_____

5 Ricardo tem 36 anos, que é o dobro da idade de Marcelo. Quantos anos Marcelo tem?

_____

6 O pátio da escola foi decorado com 378 bandeirinhas. Foram enfileiradas 18 bandeirinhas em cada barbante. Quantos fios de barbante foram utilizados para decorar o pátio?

Eduardo Belmiro

_____

Relações de igualdade

Observe a balança de dois pratos a seguir: ela está em equilíbrio.

A balança está em equilíbrio porque há uma relação de igualdade entre a massa dos objetos sobre os dois pratos.

Essa relação de igualdade pode ser representada com uma sentença matemática e o sinal de = (igual). Antes do sinal de igual está o **primeiro membro** da igualdade e depois do sinal, o **segundo membro** da igualdade.

Vamos considerar que a massa de cada cubo da balança seja 10 e a da esfera seja 20. Observe o exemplo a seguir.

$$10 + 10 + 10 = 20 + 10$$

Comparando os dois membros da igualdade, vemos que, ao adicionar um cubo em cada prato, a relação de igualdade não se altera.

> A relação de igualdade não se altera quando se adiciona um mesmo número aos dois membros da igualdade ou quando se subtrai de ambos o mesmo número.

ATIVIDADES

1 A balança a seguir está em equilíbrio. Sabendo que as peças azuis têm a mesma massa e as peças verdes também têm a mesma massa, responda às questões.

a) Se tirarmos duas peças azuis do prato à esquerda, a balança vai continuar em equilíbrio?

_____

b) Que sentença matemática pode representar a situação da balança com as peças azuis e verdes?

_____

c) Se tirarmos duas peças azuis, o que pode ser feito para que a balança continue em equilíbrio?

_____

d) Depois da situação descrita no item anterior (sem retirar nenhuma peça verde), se acrescentarmos uma peça verde a cada prato da balança, como ela fica? Conseguiremos representar a situação da balança com uma sentença matemática? Explique.

_____

_____

_____

2 Em uma balança de dois pratos em equilíbrio, há 8 cubos idênticos em um prato e uma peça cilíndrica no outro prato. A massa de cada cubo é 125 g. Qual é a massa da peça cilíndrica?

_____

Preservação dos animais e do meio ambiente

Em 2015, mais de 150 líderes mundiais dos países-membros da Organização das Nações Unidas (ONU) se reuniram e estabeleceram uma Agenda de Desenvolvimento Sustentável, a fim de criar um plano de ação para as pessoas, o planeta e a prosperidade de todos, com 17 Objetivos de Desenvolvimento Sustentável (ODS) a serem implantados mundialmente até 2030.

Essa agenda tem a pretensão de erradicar a pobreza, lutar contra a desigualdade e a injustiça e combater a mudança climática.

Entre os 17 ODS e as 169 metas anunciadas, o objetivo 15 aborda a proteção da vida terrestre e prevê: "Proteger, recuperar e promover o uso sustentável dos ecossistemas terrestres, gerir de forma sustentável as florestas, combater a desertificação, deter e reverter a degradação da terra e deter a perda de biodiversidade".

Preservar e proteger matas, florestas e rios de água doce é extremamente necessário para o equilíbrio climático e a biodiversidade. Entre as iniciativas que contribuem para isso no Brasil, podemos destacar a organização SOS Mata Atlântica, que tem como causas: a restauração da floresta, que já perdeu quase 90% de sua área original; a valorização de parques e reservas; a garantia de água limpa, monitorando a qualidade da água e o fortalecimento de leis para proteger os rios; a proteção do mar, gerenciando manguezais, ilhas, recifes e dunas e procurando ampliar a proteção a áreas marinhas e o equilíbrio entre o uso e a conservação do mar e da costa.

Pesquise os outros ODS e as iniciativas brasileiras que contribuem para o cumprimento desses objetivos estabelecidos pela agenda. Em seguida, discuta com um colega quais ações vocês podem promover na comunidade para contribuir com esses objetivos e anote-as a seguir.

_____

_____

_____

POLIEDROS

Observe o grupo de sólidos geométricos a seguir. As superfícies deles são figuras planas.

Esses sólidos são chamados de **poliedros**.

Do grego, *poli* significa "muitos" e *edros* significa "faces". Portanto, **poliedro** significa "muitas faces".

As **faces** dos poliedros são as superfícies que o formam. Cada segmento de reta comum a duas faces do poliedro é chamado de **aresta**, e o encontro de três ou mais arestas é o **vértice** do poliedro.

vértice

face

aresta

Prisma

O porta-joias e o numerador que identifica automóveis em estacionamentos têm a forma de poliedros e são chamados de **prismas**.

Observe como eles podem ser representados:

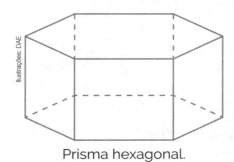

Prisma hexagonal.

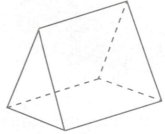

Prisma triangular.

> Os prismas são poliedros que têm duas faces iguais e paralelas e as demais retangulares.

Veja como os prismas podem ser montados usando um molde.

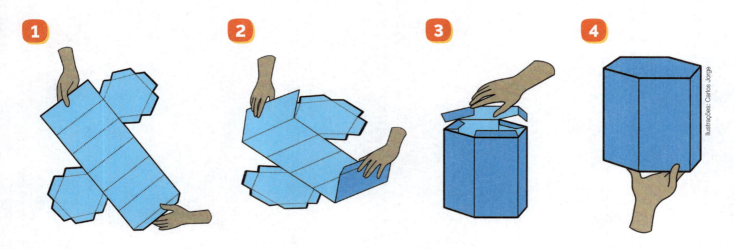

Agora, monte o prisma hexagonal cujo molde está na **página 285**.

1 Observe o prisma hexagonal e o triangular da página anterior e complete o quadro.

Prisma	Número de faces	Número de arestas	Número de vértices
hexagonal			
triangular			

2 A caixa a seguir pode ser representada por um prisma.

a) Desenhe uma representação desse prisma.

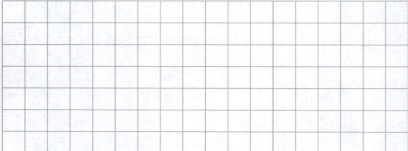

b) Quantas faces, arestas e vértices tem esse prisma?

_____

c) Desenhe um molde para montar esse prisma.

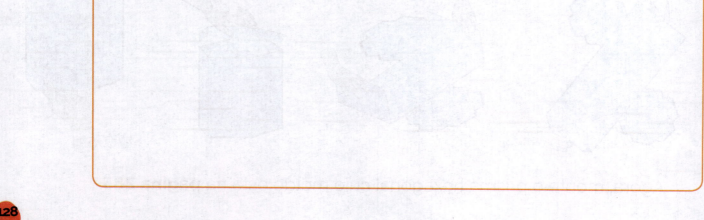

Pirâmide

Observe a embalagem de presente e a vela a seguir. Esses objetos têm a forma de poliedros chamados de **pirâmides**.

Veja como as pirâmides podem ser representadas:

Pirâmide de base triangular.

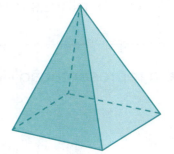

Pirâmide de base quadrada.

As pirâmides são poliedros em que uma das faces é chamada de **base** e as demais são **faces laterais**, que são sempre triangulares.

Siga os passos para montar as pirâmides usando os moldes da **página 287**.

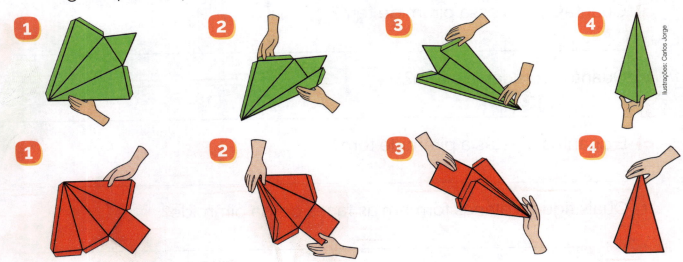

1 Observe as representações de pirâmides de base triangular e de base quadrada da página anterior e responda às questões a seguir.

a) Quantas faces cada pirâmide tem?

_____

b) Quantos vértices cada pirâmide tem?

_____

c) E arestas, quantas cada pirâmide tem?

_____

d) Quais figuras planas formam as faces dessas pirâmides?

_____

2 Observe a representação de uma pirâmide de base pentagonal.

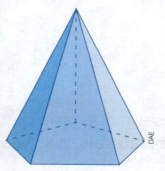

Agora, responda.

a) Quantas faces essa pirâmide tem?

_____

b) Quantos vértices ela tem?

_____

c) E quantas arestas a pirâmide tem?

_____

d) Quais figuras planas formam as faces dessa pirâmide?

_____

1 Giovana precisa de um molde para confeccionar embalagens de caixa em formato de cubo. Quais planificações a seguir ela pode usar?

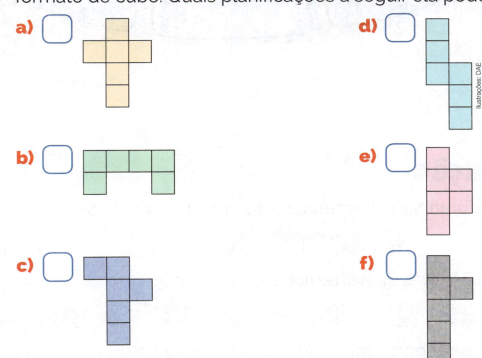

a) ☐

b) ☐

c) ☐

d) ☐

e) ☐

f) ☐

Ilustrações: DAE

2 Agora, Giovana quer fazer embalagens de caixa em formato de pirâmide. Ligue cada planificação à pirâmide correspondente.

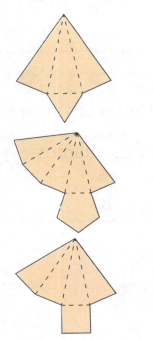

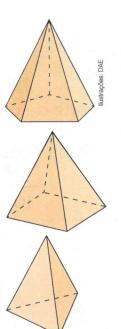

Ilustrações: DAE

Noção de fração

Observe a seguir uma barra formada por 10 cubinhos idênticos.

Dividindo-a em 10 partes iguais, temos 10 cubinhos.

Ilustrações: DAE

Cada cubinho representa uma parte do inteiro dividido em 10 partes iguais.

Quando precisamos representar uma parte ou algumas partes de um inteiro que foi dividido em partes iguais, utilizamos frações.

 → 1 inteiro

1 parte de um inteiro	3 partes de um inteiro	5 partes de um inteiro
Representamos: $\dfrac{1}{10}$	Representamos: $\dfrac{3}{10}$	Representamos: $\dfrac{5}{10}$

Fração é o número que representa determinada quantidade de partes de um todo que foi dividido igualmente.

Veja como são denominados os números que formam uma fração:

$$\frac{3}{10} \quad \begin{array}{l} \rightarrow \text{numerador} \\ \rightarrow \text{denominador} \end{array}$$

- O numerador indica quantas partes foram tomadas do inteiro.
- O denominador indica em quantas partes o inteiro foi dividido.

Representação de fração

Na reta numérica, as frações também representam partes do inteiro.

Observe a representação do intervalo entre 0 e 1 na reta numérica. A distância entre esses pontos representa o inteiro.

As frações $\dfrac{1}{2}$, $\dfrac{1}{3}$, $\dfrac{1}{4}$, $\dfrac{1}{5}$, $\dfrac{1}{10}$ e $\dfrac{1}{100}$ são menores que um inteiro. Se o denominador de uma fração indica em quantas partes iguais o inteiro foi dividido, então podemos representar essas frações na reta numérica da seguinte maneira:

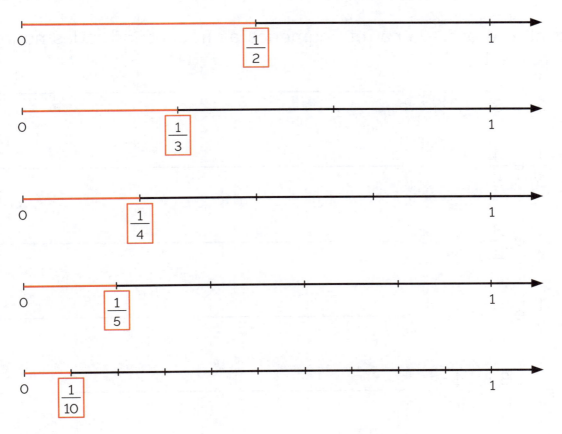

0 ——————————————————————————————————————— 1
$\boxed{\dfrac{1}{100}}$

Exemplo:

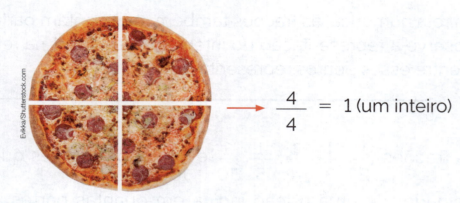

$$\frac{4}{4} = 1 \text{ (um inteiro)}$$

ATIVIDADES

1. Localize e escreva na reta numérica as frações indicadas no intervalo entre 0 e 1.

a) $\dfrac{1}{3}$ e $\dfrac{2}{3}$

0 ———————————————————————————————— 1

b) $\dfrac{1}{5}$ e $\dfrac{4}{5}$

0 ———————————————————————————————— 1

c) $\dfrac{1}{4}$ e $\dfrac{3}{4}$

0 ———————————————————————————————— 1

d) $\dfrac{1}{7}$ e $\dfrac{6}{7}$

0 ———————————————————————————————— 1

e) $\dfrac{7}{10}$, $\dfrac{3}{10}$ e $\dfrac{1}{10}$

0 ———————————————————————————————— 1

2 As figuras a seguir estão divididas em partes iguais. Escreva, abaixo de cada uma, a fração que corresponde à parte pintada em relação ao todo.

a)

_____

d)

_____

b)

_____

e)

_____

c)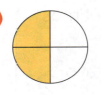

_____

f)

_____

3 Divida os retângulos a seguir em partes iguais e pinte as partes que representam as frações.

a) $\dfrac{2}{3}$

b) $\dfrac{5}{8}$

c) $\dfrac{1}{10}$

d) $\dfrac{3}{4}$

4 Localize e escreva as frações $\dfrac{1}{8}$, $\dfrac{1}{4}$, $\dfrac{1}{2}$ e $\dfrac{7}{8}$ no intervalo entre 0 e 1 da reta numérica a seguir.

0   1

Leitura de frações

Para ler uma fração, primeiro, lemos o numerador e, depois, o denominador.

> Quando o denominador é igual a 2, lemos: **meio**.
> Quando é 3, lemos: **terço**.

$\dfrac{1}{2}$ ⟶ um meio $\dfrac{2}{3}$ ⟶ dois terços

> Nas frações com denominador entre 4 e 9, lemos
> o denominador da fração na **forma ordinal**.

$\dfrac{1}{4}$ ⟶ um quarto $\dfrac{2}{7}$ ⟶ dois sétimos

$\dfrac{3}{5}$ ⟶ três quintos $\dfrac{1}{8}$ ⟶ um oitavo

$\dfrac{5}{6}$ ⟶ cinco sextos $\dfrac{2}{9}$ ⟶ dois nonos

> Nas frações com denominador maior que 10 e diferente de 100 ou
> 1000, lemos o denominador da fração seguido da palavra **avos**.

Exemplos:

$\dfrac{2}{15}$ ⟶ dois quinze avos $\dfrac{17}{104}$ ⟶ dezessete cento e quatro avos

$\dfrac{3}{21}$ ⟶ três vinte e um avos $\dfrac{7}{300}$ ⟶ sete trezentos avos

> Em frações com denominador igual a 10, 100 ou 1000, lemos,
> respectivamente, **décimos, centésimos e milésimos**.

Exemplos:

$\dfrac{3}{10}$ ⟶ três décimos $\dfrac{11}{100}$ ⟶ onze centésimos

$\dfrac{9}{1000}$ ⟶ nove milésimos

ATIVIDADES

1. Complete a tabela.

Numerador	Denominador	Fração	Leitura da fração
2	3		
	36	$\dfrac{7}{36}$	
			três décimos
28			
214		$\dfrac{214}{1000}$	

2. Na turma do 4º ano A, há 23 meninas e 18 meninos.

a) Qual é a fração que representa a quantidade de meninas dessa turma?

_____

b) Qual é a fração que representa a quantidade de meninos dessa turma?

_____

3. No espaço a seguir, represente graficamente a fração cujo numerador é 1 e cujo denominador é 5.

Tipos de fração

As frações podem ser **próprias**, **impróprias** ou **aparentes**.

- **Fração própria** é aquela em que o numerador é menor que o denominador.

$\dfrac{2}{3}$ $\dfrac{4}{7}$

A fração própria representa parte de 1 inteiro.

Você vai levar o rocambole inteiro?

Não. Por favor, eu só quero $\dfrac{2}{3}$ do rocambole.

Ilustrações: Anderson Cássio

- **Fração imprópria** é aquela em que o numerador é maior ou igual ao denominador.

$\dfrac{5}{4}$ $\dfrac{7}{3}$ $\dfrac{8}{8}$

Ilustrações: DAE

Bruna, vou comer $\dfrac{3}{2}$ de mamão.

Olha só! Você está usando a linguagem que aprendeu na aula de Matemática!

A fração imprópria indica 1 ou mais de 1 inteiro.

- **Fração aparente** é aquela em que o numerador é divisível pelo denominador, ou seja, o numerador é múltiplo do denominador.

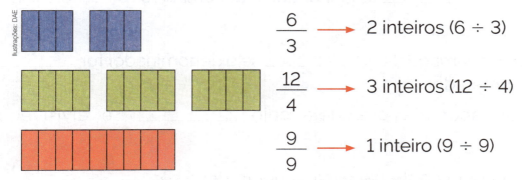

$$\frac{6}{3} \longrightarrow \text{2 inteiros } (6 \div 3)$$

$$\frac{12}{4} \longrightarrow \text{3 inteiros } (12 \div 4)$$

$$\frac{9}{9} \longrightarrow \text{1 inteiro } (9 \div 9)$$

A fração aparente resulta em um número inteiro.

Como vimos nos exemplos acima, para descobrir quantos inteiros vale a fração aparente é só dividir o numerador pelo denominador.

Eu comi $\frac{16}{8}$ de mexerica.

Ah, entendi! Então, você comeu 2 mexericas

ATIVIDADES

1 Pinte os retângulos de acordo com a legenda.

Fração própria   Fração imprópria .

$$\frac{5}{9} \qquad \frac{3}{2} \qquad \frac{9}{3} \qquad \frac{1}{6} \qquad \frac{7}{4} \qquad \frac{5}{3} \qquad \frac{5}{17} \qquad \frac{10}{13} \qquad \frac{9}{8}$$

2 Complete as orações.

a) Quando o _____ é menor que o denominador, a fração é chamada

de _____ .

b) A fração é chamada de _____ se o denominador for _____

que o numerador.

c) A fração aparente é aquela cujo _____ é divisível pelo

_____ .

d) Uma fração aparente necessariamente deve ser _____ .

3 Existe fração imprópria que não seja aparente? Dê um exemplo.

_____

_____

_____

_____

4 Escreva o número natural que representa cada uma das frações aparentes
a seguir.

a) $\dfrac{14}{2} = \boxed{}$ **b)** $\dfrac{4}{2} = \boxed{}$ **c)** $\dfrac{16}{8} = \boxed{}$

5 Leia cada situação a seguir e escreva a fração correspondente. Depois,
identifique-a como própria, imprópria ou aparente.

a) Um bolo é dividido em 12 partes iguais e 5 pedaços são guardados na
geladeira. Que fração do bolo é colocada na geladeira?

_____

b) Danilo e Fábio entraram em uma *pizzaria* e comeram, ao todo, 10 pedaços de *pizza*. Se cada *pizza* é dividida em 8 pedaços, qual é a fração de
pizza consumida pelos dois?

_____

Comparação de frações

Célia Regina comprou um pedaço de melancia e o dividiu em 4 partes iguais.

Ela deu $\dfrac{2}{4}$ para Carlos Alberto e $\dfrac{1}{4}$ para Alexandre.

Carlos Alberto ficou com a maior parte. Assim:

- $\dfrac{2}{4}$ é maior que $\dfrac{1}{4}$ ⟶ $\dfrac{2}{4} > \dfrac{1}{4}$

- $\dfrac{1}{4}$ é menor que $\dfrac{2}{4}$ ⟶ $\dfrac{1}{4} < \dfrac{2}{4}$

> Quando duas frações têm denominadores iguais, a maior fração é a que tem **maior numerador.**

Observe as frações representadas nas figuras a seguir.

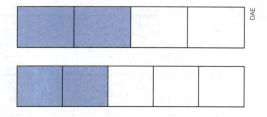

- $\dfrac{2}{4}$ é maior que $\dfrac{2}{5}$ ⟶ $\dfrac{2}{4} > \dfrac{2}{5}$

- $\dfrac{2}{5}$ é menor que $\dfrac{2}{4}$ ⟶ $\dfrac{2}{5} < \dfrac{2}{4}$

> Quando duas frações têm numeradores iguais, a maior fração é a que tem o **menor denominador**.

ATIVIDADES

1 Pinte as figuras de acordo com as frações e complete as lacunas.

a) $\dfrac{4}{6}$ $\dfrac{2}{6}$ $\dfrac{5}{6}$

A fração maior é _____, e a fração menor é _____.

b) $\dfrac{7}{10}$ $\dfrac{5}{10}$ $\dfrac{2}{10}$

A fração maior é _____, e a fração menor é _____.

2 Em cada item, escreva a fração e depois faça o que se pede.

a) _____

b) _____

c) _____

d) _____

e) _____

f) _____

g) _____

■ Escreva as frações em ordem crescente. Use o símbolo **menor que**.

_____

■ Escreva as frações em ordem decrescente. Use o símbolo **maior que**.

_____

Ilustrações: DAE

3 As figuras a seguir são do mesmo tamanho, cada uma foi dividida em segmentos iguais. Escreva a fração correspondente a cada figura.

a) _____

b) _____

c) _____

d) _____

e) _____

f) _____

4 De acordo com as figuras e as respostas da atividade anterior, complete as sentenças matemáticas com os sinais > (maior) ou < (menor).

a) $\dfrac{1}{2}$ ⬜ $\dfrac{3}{7}$

b) $\dfrac{5}{6}$ ⬜ $\dfrac{3}{7}$

c) $\dfrac{1}{2}$ ⬜ $\dfrac{5}{6}$

d) $\dfrac{5}{6}$ ⬜ $\dfrac{2}{8}$

e) $\dfrac{3}{7}$ ⬜ $\dfrac{2}{8}$

f) $\dfrac{2}{8}$ ⬜ $\dfrac{1}{2}$

5 Complete as sentenças matemáticas com os sinais > (maior) ou < (menor).

a) $\dfrac{1}{2}$ ⬜ $\dfrac{1}{8}$

b) $\dfrac{2}{7}$ ⬜ $\dfrac{4}{7}$

c) $\dfrac{5}{7}$ ⬜ $\dfrac{5}{2}$

d) $\dfrac{2}{6}$ ⬜ $\dfrac{3}{6}$

e) $\dfrac{9}{4}$ ⬜ $\dfrac{4}{4}$

f) $\dfrac{5}{4}$ ⬜ $\dfrac{5}{7}$

Frações equivalentes

Irene e Clóvis recortaram cartões quadrados de mesmo tamanho. Irene dividiu o seu em 4 partes iguais; Clóvis, em 16. Depois, Irene pintou 2 partes de seu cartão e Clóvis pintou 8 partes do dele.

Veja a parte que cada um pintou.

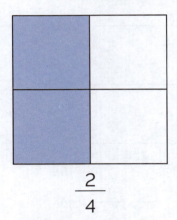

$$\frac{2}{4}$$

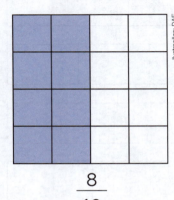

$$\frac{8}{16}$$

Observe que os dois pintaram a mesma parte do cartão, ou seja, metade do cartão. Assim, podemos dizer que a fração $\frac{2}{4}$ é equivalente à fração $\frac{8}{16}$.

Ilustrações: DAE

> Frações **equivalentes** representam a **mesma parte do inteiro**.

Observe outro exemplo:

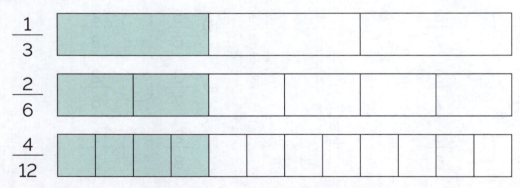

As frações $\frac{1}{3}$, $\frac{2}{6}$, $\frac{4}{12}$ são equivalentes, pois correspondem à mesma parte do inteiro.

Para obter frações equivalentes, multiplicamos ou dividimos o numerador e o denominador da fração por um mesmo número natural diferente de zero.

Exemplos:

a) $\frac{1}{3} \times \frac{2}{2} = \frac{2}{6}$ 　　　 b) $\frac{12}{8} \div \frac{4}{4} = \frac{3}{2}$ 　　　 c) $\frac{4}{6} \times \frac{3}{3} = \frac{12}{18}$

1 Em cada item, pinte as partes do retângulo que não está colorido, de modo que os dois retângulos representem frações equivalentes. Depois escreva essas frações. Os retângulos têm as mesmas dimensões e estão divididos, cada um, em partes iguais.

a)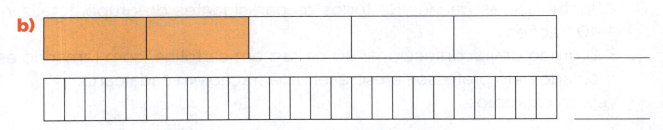

Ilustrações: DAE

b)

2 Circule as frações equivalentes às destacadas em cada linha.

$\dfrac{1}{3}$	$\dfrac{2}{6}$	$\dfrac{6}{7}$	$\dfrac{5}{15}$	$\dfrac{4}{12}$	$\dfrac{7}{21}$
$\dfrac{7}{3}$	$\dfrac{14}{6}$	$\dfrac{18}{12}$	$\dfrac{21}{9}$	$\dfrac{17}{13}$	$\dfrac{28}{12}$

3 Escreva uma fração equivalente a:

a) $\dfrac{3}{5}$ com denominador 15; _____

b) $\dfrac{2}{3}$ com denominador 18; _____

4 Escreva cinco frações equivalentes a cada fração indicada.

a) $\dfrac{1}{2}$, _____, _____, _____, _____, _____.

b) $\dfrac{7}{4}$, _____, _____, _____, _____, _____.

145

1 É hora do "jogo da memória de frações equivalentes".

Instruções

1. A turma deve ser organizada em grupos de 4 alunos.

2. Cada aluno do grupo deve pensar em 5 pares de frações equivalentes e escrevê-las no caderno.

3. Em cada grupo, as frações de todos os participantes devem ser diferentes umas das outras, ou seja, não pode haver frações iguais.

4. Juntam-se as frações de todos os participantes do grupo, totalizando 40 frações.

5. O grupo deve confeccionar 40 cartas, em cartolina, com tamanho estipulado pelo professor, e escrever uma fração em cada carta.

Veja os exemplos:

$$\frac{1}{2} \qquad \frac{2}{3} \qquad \frac{5}{10} \qquad \frac{8}{12}$$

6. As cartas devem ser embaralhadas com a parte escrita para baixo e espalhadas sobre uma mesa.

7. O aluno que começar deve virar duas cartas que tenham frações equivalentes. Se isso acontecer, ele fica com as cartas e joga novamente. Se não acontecer, deve passar a vez para o próximo jogador.

8. Vence o aluno que tiver mais pares.

Fração de uma quantidade

Uma costureira tem 20 botões de determinado tipo.

Sabendo que $\dfrac{3}{5}$ dos botões são azuis e $\dfrac{2}{5}$ são verdes, quantos botões são azuis e quantos são verdes?

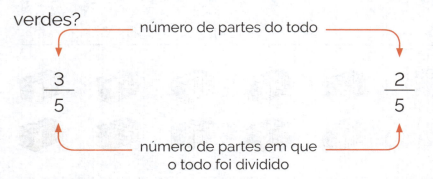

número de partes do todo

$\dfrac{3}{5}$ $\qquad$ $\dfrac{2}{5}$

número de partes em que o todo foi dividido

Saulo Nunes

Para determinar quantos botões há de cada cor, resolvemos assim:

Azul: dividimos o todo, que é 20, em 5 partes e consideramos 3 dessas partes, ou seja, multiplicamos o resultado por 3.

$$\dfrac{3}{5} \times 20 \longrightarrow \begin{array}{l} 20 \div 5 = 4 \\ 4 \times 3 = 12 \end{array}$$

Verde: dividimos o todo, que é 20, em 5 partes e consideramos 2 dessas partes, ou seja, multiplicamos o resultado por 2.

$$\dfrac{2}{5} \times 20 \longrightarrow \begin{array}{l} 20 \div 5 = 4 \\ 4 \times 2 = 8 \end{array}$$

A quantidade de botões de cada cor está representada na figura a seguir.

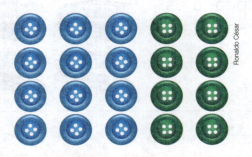

Ronaldo César

> Para calcular o valor da fração de uma quantidade inteira, basta dividir a quantidade pelo denominador da fração e multiplicar o resultado pelo numerador.

1 Calcule as operações.

a) $\dfrac{2}{5}$ destes lápis

Ilustrações: Ronaldo César

_____

b) $\dfrac{1}{5}$ destes apontadores

_____

c) $\dfrac{1}{4}$ destes corretivos

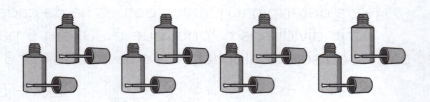

_____

d) $\dfrac{2}{3}$ destas borrachas

_____

e) $\dfrac{1}{4}$ destes grampeadores

_____

f) $\dfrac{2}{3}$ destes clipes

_____

2 Calcule as operações.

a) $\dfrac{1}{3}$ de 18 = _____

d) $\dfrac{1}{3}$ de 27 = _____

b) $\dfrac{1}{5}$ de 20 = _____

e) $\dfrac{1}{5}$ de 25 = _____

c) $\dfrac{2}{3}$ de 24 = _____

f) $\dfrac{4}{6}$ de 12 = _____

3 Complete a frase.

Para calcular o valor da fração de uma quantidade inteira, basta _____ a quantidade pelo _____ da fração e multiplicar o resultado pelo

_____.

4 Relacione as colunas.

a) $\dfrac{5}{6}$ de 120 ⬜ 2 000

b) $\dfrac{3}{4}$ de 500 ⬜ 375

c) $\dfrac{7}{8}$ de 64 ⬜ 100

d) $\dfrac{100}{5}$ de 100 ⬜ 56

149

1 Leia o texto a seguir e responda às questões.

Em uma competição, um clube conquistou 15 medalhas no total. Dessas medalhas, $\frac{1}{5}$ foi de ouro, $\frac{1}{3}$ foi de prata e $\frac{7}{15}$ foi de bronze.

Marco Cortez

a) Quantas medalhas de ouro esse clube conquistou?

_____

b) Quantas foram as medalhas de prata?

_____

c) E as de bronze?

_____

d) Que fração representa as medalhas de ouro e prata juntas?

_____

e) Essa fração é maior que a fração que representa as medalhas de bronze?

_____

2 João já ouviu $\frac{2}{5}$ de uma *playlist* de 45 músicas. Quantas músicas ele já ouviu?

_____

3 Juliano comprou uma bandeja com 20 ovos de codorna. Cozinhou $\frac{1}{10}$ e guardou os demais na geladeira.

a) Quantos ovos Juliano cozinhou?

_____

b) Quantos ovos ele guardou na geladeira?

_____

4 Uma turma arrecadou 36 livros para doação. Desse total, $\frac{1}{3}$ são dicionários. Quantos livros não são dicionários?

_____

5 Carla ganhou 42 figurinhas. Ela deu a terça parte para sua irmã. Quantas figurinhas Carla deu à irmã?

_____

6 Em uma turma de 39 alunos, $\frac{2}{3}$ são meninas. Quantos meninas há nessa turma?

_____

Adição de frações com o mesmo denominador

Ao regar as flores, Júlia resolveu fazer algumas composições diferentes com os vasos e considerou os 16 vasos que tinha como 1 inteiro. Veja:

Ilustrações: Henrique Jorge

1 canteiro inteiro

$$\frac{16}{16} = 1$$

$\frac{8}{16}$ do canteiro

$\frac{4}{16}$ do canteiro

$\frac{2}{16}$ do canteiro

$\frac{1}{16}$ do canteiro

Júlia percebeu alguns resultados interessantes quando juntava os vasos. Veja:

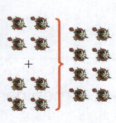

$$\frac{2}{16} + \frac{2}{16} = \frac{4}{16}$$

$$\frac{4}{16} + \frac{4}{16} = \frac{8}{16}$$

$$\frac{12}{16} + \frac{4}{16} = \frac{16}{16}$$

Para somar frações que têm denominadores iguais, somamos os numeradores e conservamos o denominador comum.

ATIVIDADES

1 Resolva a adição e represente a resposta com um desenho na malha quadriculada a seguir.

a) $\dfrac{7}{8} + \dfrac{1}{8} =$ _____

b) $\dfrac{2}{6} + \dfrac{3}{6} =$ _____

2 Complete as adições para torná-las verdadeiras e faça desenhos na malha quadriculada para representar os cálculos (parcelas e resultado).

a) ___ $+ \dfrac{1}{10} = \dfrac{3}{10}$

b) $\dfrac{3}{11} + \dfrac{7}{11} =$ ___

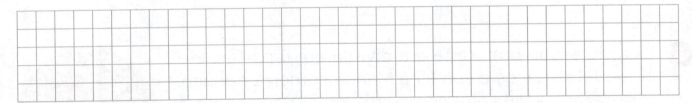

DESAFIO

1 Complete a sequência a seguir.

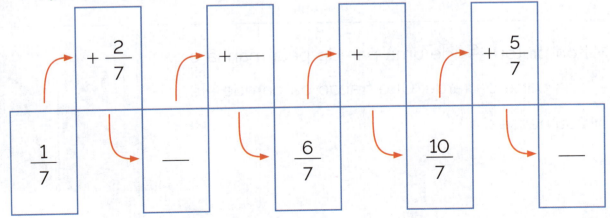

1 Silmara comprou uma cartolina e pintou $\frac{1}{4}$ de azul e $\frac{2}{4}$ de vermelho. Deixou $\frac{1}{4}$ sem pintar. Quantas partes da cartolina Silmara coloriu?

Unuchko Veronika/Shutterstock.com

2 Lídia usou $\frac{3}{8}$ de uma melancia para fazer salada de frutas e $\frac{3}{8}$ para fazer um suco. Que fração da melancia ela usou? Faça um desenho para representar.

Roman Samokhin/Shutterstock.com

3 Ricardo assou uma torta e a dividiu em 5 partes. Ele comeu 3 pedaços e sua filha Marina comeu 1 pedaço. Que fração da torta eles comeram juntos? Represente-a com um desenho.

Billion Photos/Shutterstock.com

4 Milton pintou $\frac{2}{7}$ de uma parede pela manhã e $\frac{3}{7}$ na parte da tarde. Que fração da parede ele pintou nesse dia?

visivastudio/Shutterstock.com

5 Felipe leu $\dfrac{2}{9}$ de um livro na terça, $\dfrac{4}{9}$ na quarta e $\dfrac{3}{9}$ na quinta. Quanto ele leu do livro nesses três dias?

6 Marília comprou uma dúzia de pastéis. Ela comeu $\dfrac{1}{4}$ desses pastéis e seu irmão comeu $\dfrac{2}{4}$. Juntos, eles comeram quantos pastéis?

7 Rita comprou um pacote com 16 rolos de papel higiênico. Ela colocou $\dfrac{1}{8}$ dos rolos no banheiro de visitas, $\dfrac{2}{8}$ no banheiro da sua suíte e o restante guardou na despensa. Qual é o total de rolos colocados nos dois banheiros?

8 Marli fez 18 pipas e deu $\dfrac{2}{9}$ das pipas a seu filho mais velho, $\dfrac{3}{9}$ ao filho do meio e $\dfrac{1}{9}$ ao filho mais novo. Que fração corresponde à quantidade de pipas que Marli entregou aos filhos? E que quantidade foi essa?

Subtração de frações com o mesmo denominador

Vamos analisar mais algumas associações feitas por Júlia em seu canteiro de flores.

$$\frac{4}{16} - \frac{2}{16} = \frac{2}{16}$$

$$\frac{8}{16} - \frac{2}{16} = \frac{6}{16}$$

Ilustrações: Henrique Jorge

> Para subtrair frações que têm denominadores iguais, basta subtrair os numeradores e conservar o denominador comum.

✏️ ATIVIDADES

1 Pinte os quadradinhos conforme pedido em cada item e represente em forma de fração a parte que ficar sem colorir.

a) Pinte $\frac{5}{36}$ de verde. Parte sem colorir: _____.

b) Pinte $\frac{12}{36}$ de rosa. Parte sem colorir: _____.

2 Resolva as subtrações a seguir.

a) $\frac{12}{13} - \frac{5}{13} = $ _____

c) $\frac{10}{20} - \frac{9}{20} = $ _____

b) $\frac{7}{7} - \frac{4}{7} = $ _____

d) $\frac{15}{15} - \frac{13}{15} = $ _____

3 Complete as subtrações a seguir para torná-las verdadeiras.

a) $\frac{13}{18} - $ ___ $ = \frac{1}{18}$

c) $\frac{34}{36} - $ ___ $ = \frac{15}{36}$

b) ___ $ - \frac{25}{45} = \frac{10}{45}$

d) ___ $ - \frac{6}{11} = \frac{5}{11}$

PROBLEMAS

1 O armário de Lizandra tem 12 gavetas. Ela usou apenas 7 gavetas para colocar suas roupas e o restante ficou vazio. Que fração representa as gavetas vazias?

2 Marcelo comprou uma *pizza* gigante de 10 pedaços. Ele comeu 3 pedaços, seus filhos Reinaldo e Juliane comeram 1 pedaço cada um e sua esposa comeu 2 pedaços. Que fração da *pizza* sobrou?

3 Em uma viagem de 144 km, Renato já percorreu $\frac{1}{3}$ do caminho. Que fração representa a distância não percorrida?

4 Marina assou uma lasanha e a dividiu em 7 partes. Ela comeu uma parte e sua mãe comeu outra. Elas levaram $\frac{2}{7}$ para a vizinha Dona Rosilda. Que fração de lasanha sobrou?

Multiplicação de frações

Como podemos calcular $\dfrac{4}{5} \times \dfrac{2}{3}$?

Vamos resolver essa multiplicação utilizando desenhos.

Representamos a fração $\dfrac{2}{3}$ com um retângulo dividido em 3 partes horizontais e a fração $\dfrac{4}{5}$ com outro retângulo dividido em 5 partes verticais, que são os denominadores das duas frações, ou seja, as partes em que o inteiro deve ser dividido.

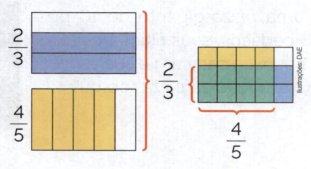

A região pintada de verde corresponde ao produto $\dfrac{4}{5} \times \dfrac{2}{3} = \dfrac{8}{15}$, já que foram pintadas 8 partes de um total de 15 partes que compõem a figura.

O mesmo resultado pode ser obtido assim:

$$\dfrac{4}{5} \times \dfrac{2}{3} = \dfrac{4 \times 2}{5 \times 3} = \dfrac{8}{15}$$ → produto dos numeradores
→ produto dos denominadores

> Para multiplicarmos frações, multiplicamos os numeradores e os denominadores entre si.

Observe o exemplo a seguir.

Se dividirmos uma barra de chocolate na metade e comermos um terço dessa metade, que fração da barra de chocolate comeremos?

$$\dfrac{1}{2} \times \dfrac{1}{3} = \dfrac{1}{6}$$

Comeremos $\dfrac{1}{6}$ da barra de chocolate.

ATIVIDADES

1 Ajude Guilherme a resolver o problema.

Se eu pintar a metade de dois terços de um retângulo, que fração do retângulo representarei?

_____

2 Observe o exemplo e efetue as multiplicações.

$$2 \times \frac{3}{8} = \frac{3}{8} + \frac{3}{8} = \frac{6}{8} \quad \text{ou} \quad 2 \times \frac{3}{8} = \frac{6}{8}$$

> Para multiplicar um número natural por uma fração, basta multiplicar o número natural pelo **numerador** da fração e conservar o denominador.

a) $2 \times \dfrac{9}{7} =$ _____

b) $7 \times \dfrac{3}{4} =$ _____

c) $5 \times \dfrac{1}{12} =$ _____

d) $7 \times \dfrac{5}{3} =$ _____

3 Complete as sequências.

a)

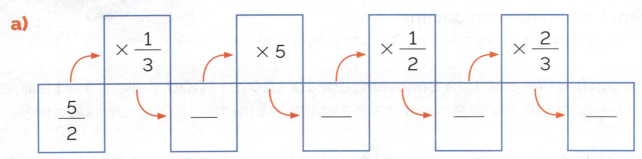

b)

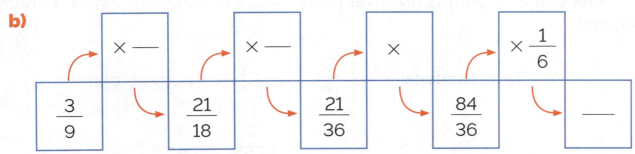

Ilustrações: Marco Cortez

Fração decimal e números decimais

Marta vende pedaços de bolo gelado. Veja:

Com uma receita de bolo, ela consegue fazer dez pedaços para vender. Ela faz um bolo, divide-o em 10 partes iguais e as embrulha 1 a 1.

Cada pedaço de bolo que Marta vende é um décimo da receita.

Podemos representar usando uma **fração decimal** ou um **número decimal**.

1 pedaço do bolo = ou 0,1 um décimo

> As frações que têm **denominador 10**, **100** ou **1000** são chamadas de frações decimais e podem ser escritas na forma de números **decimais**.

Veja como podemos escrever outra fração decimal em forma de número decimal:

$$\text{fração decimal} \longleftarrow \left\{ \frac{5}{10} = 0{,}5 \right\} \longrightarrow \text{número decimal}$$

1 zero   1 casa decimal

Cada **10 décimos** formam **1 inteiro** (1 unidade).

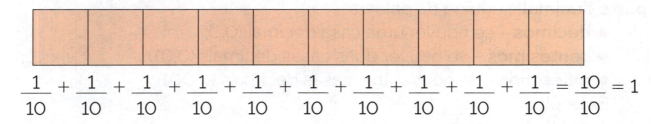

$$\frac{1}{10} + \frac{1}{10} + \frac{1}{10} + \frac{1}{10} + \frac{1}{10} + \frac{1}{10} + \frac{1}{10} + \frac{1}{10} + \frac{1}{10} + \frac{1}{10} = \frac{10}{10} = 1$$

1 décimo = $\frac{1}{10}$ = 0,1

No número decimal temos:

parte inteira, parte decimal
↳vírgula

Exemplo:

4,6
↳ parte decimal
→ vírgula
→ parte inteira

Usamos a vírgula para separar a parte inteira da parte decimal.
Observe as figuras abaixo:

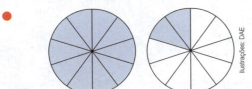

Unidades	décimos
1,	2
1 inteiro e 2 décimos	

$\frac{12}{10}$ ou 1,2 (1 unidade e 2 décimos ou 12 décimos)

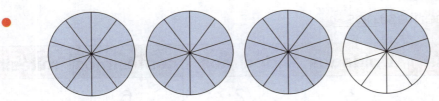

Unidades	décimos
3,	5
3 inteiros e 5 décimos	

$\frac{35}{10}$ ou 3,5 (3 unidades e 5 décimos ou 35 décimos)

Ilustrações: DAE

Para ler **um número decimal**, lê-se primeiro a **parte inteira** e depois a **parte decimal**, seguida da palavra:

- **décimos** – se houver uma casa decimal (0,1);
- **centésimos** – se houver duas casas decimais (0,01);
- **milésimos** – se houver três casas decimais (0,001).

Exemplos:

a) 1,8 ⟶ um inteiro e oito décimos

b) 3,21 ⟶ três inteiros e vinte e um centésimos

c) 12,004 ⟶ doze inteiros e quatro milésimos

Podemos também ler esses números de outro modo. O número decimal é falado como um número inteiro (sem vírgula) acompanhado do nome da ordem do último algarismo do número. Veja a seguir.

a) 1,8 ⟶ dezoito décimos

b) 3,21 ⟶ trezentos e vinte e um centésimos

c) 102,004 ⟶ cento e dois mil e quatro milésimos

Quando a parte inteira for zero, lê-se apenas a parte decimal.

Exemplos:

a) 0,4 ⟶ quatro décimos

b) 0,27 ⟶ vinte e sete centésimos

c) 0,135 ⟶ cento e trinta e cinco milésimos

Observe o quadro abaixo e veja como se escrevem alguns números decimais.

- 3 inteiros e 26 centésimos
- 15 inteiros e 25 centésimos

Centenas	Dezenas	Unidades	décimos	centésimos	milésimos
		3,	2	6	
	1	5,	2	5	

ATIVIDADES

1 Observe esta figura e depois complete as lacunas.

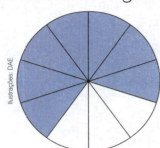

a) O círculo foi dividido em _____ partes iguais.

b) Foram coloridas _____ partes.

c) A fração que representa as partes coloridas da figura tem o numerador igual a _____ e o _____ igual a _____.

d) O número decimal que representa a fração das partes coloridas da figura é igual a _____.

e) A fração que representa as partes não coloridas da figura tem o numerador igual a _____ e o denominador igual a _____.

f) O número decimal que representa a fração das partes não coloridas da figura é _____.

g) A soma _____ + $\dfrac{3}{10}$ é igual a 1, que é o resultado de 0,7 + _____.

2 Escreva a fração decimal e o número decimal correspondentes às figuras.

a)

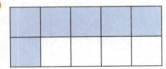

_____

b)

_____

c)

_____

d)

_____

163

3 Transforme as frações decimais em números decimais.

a) $\dfrac{3}{10}$ = _____

c) $\dfrac{9}{10}$ = _____

b) $\dfrac{7}{10}$ = _____

d) $\dfrac{4}{10}$ = _____

4 Pinte as partes correspondentes aos decimais indicados.

a) 0,2

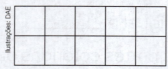

d) 1

b) 0,8

e) 0,1

c) 0,5

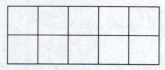

f) 0,4

5 Escreva o número decimal em cada item.

a) Três inteiros e cinco décimos _____

b) Um inteiro e três décimos _____

c) Quatro inteiros e um décimo _____

d) Sete décimos _____

6 Relacione as colunas usando as letras dos itens.

a) 7,2

b) 1,3

c) 3,7

d) 2,4

( ) 1 inteiro e 3 décimos

( ) 3 inteiros e 7 décimos

( ) 7 inteiros e 2 décimos

( ) 2 inteiros e 4 décimos

( ) 24 décimos

( ) 72 décimos

( ) 37 décimos

( ) 13 décimos

7 Escreva os números decimais por extenso.

a) 7,4 _____

b) 1,9 _____

c) 13,8 _____

d) 5,9 _____

8 Complete o quadro. Siga o exemplo.

Unidades	Décimos	Número decimal	Fração
0	3	0,3	$\dfrac{3}{10}$
5			
6		6,8	
	9		$\dfrac{89}{10}$
1			

9 Organize os números a seguir conforme se pede.

| 1,5 | 15,1 | 5,5 | 7,8 | 8,7 | 0,8 | 87,8 |

a) em ordem crescente, usando o sinal <.

_____

b) em ordem decrescente, usando o sinal >.

_____

10 Complete as frases:

a) 1 inteiro é formado por _____ décimos

b) _____ inteiros têm 50 décimos

Adição de décimos

O piso da sala da casa do Rodrigo foi trocado, e ele está ajudando seu pai a calcular quantos metros de **rodapé** serão necessários.

A sala tem 4,6 m de largura por 3,5 m de comprimento.

Vamos ajudar Rodrigo.

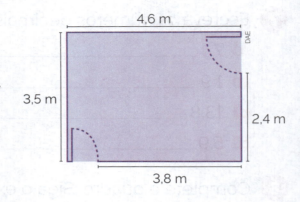

Para calcular quantos metros de rodapé são necessários na sala, é preciso somar todas as medidas das paredes dela. Observe que, onde há porta, não se coloca rodapé, pois não há parede.

GLOSSÁRIO

Rodapé: é uma faixa usada para dar acabamento entre a parede e o chão dos cômodos de uma construção. Podem ser usados como material para rodapé barras de madeira, mármore, piso de cerâmica, granito etc.

Dezenas	Unidades	décimos
1	²4,	6
	3,	5
+	3,	8
	2,	4
1	4,	3

Assim, são necessários 14,3 m de rodapé.

Para efetuar uma adição com números decimais, devemos organizá-los de forma que fique **vírgula debaixo de vírgula**; depois resolvemos a adição dos números.

Atenção: colocamos a vírgula do resultado alinhada com as vírgulas das parcelas.

ATIVIDADES

1 Efetue as adições indicadas pelas figuras.

a)

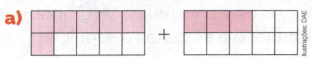

Unidades	décimos

b)

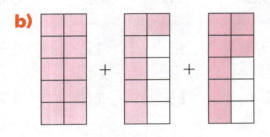

Unidades	décimos

2 Represente, desenhando tracinhos, as adições nos ábacos conforme o exemplo.

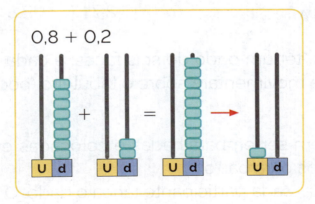

0,8 + 0,2

a) 1,5 + 2,8

b) 0,9 + 3,5

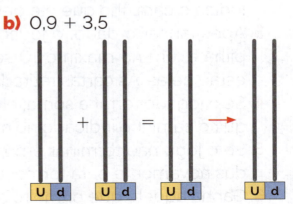

1 Vamos participar de uma brincadeira que se chama "labirinto dos decimais". A turma deve ser organizada em grupos de 2 a 4 alunos. Os grupos devem confeccionar, em uma cartolina, o tabuleiro e as cartas a seguir.

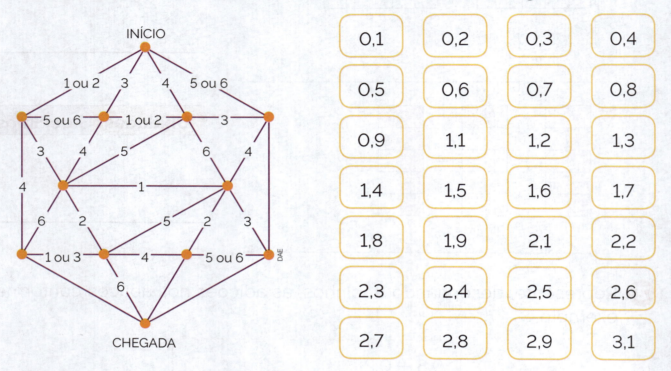

0,1	0,2	0,3	0,4
0,5	0,6	0,7	0,8
0,9	1,1	1,2	1,3
1,4	1,5	1,6	1,7
1,8	1,9	2,1	2,2
2,3	2,4	2,5	2,6
2,7	2,8	2,9	3,1

Cada grupo deve ter um dado de seis faces, e cada participante deve ter uma peça que se movimentará sobre o tabuleiro (pode ser uma borracha).

O jogo

1. As cartas devem ser embaralhadas e colocadas em uma pilha com os números virados para baixo.

2. Em toda rodada, cada participante lança o dado. O valor obtido no dado indica o caminho que ele deve seguir no tabuleiro.

3. Após lançar o dado, o jogador deve pegar as duas primeiras cartas da pilha e, em no máximo 10 segundos, efetuar a soma dos números que estão nelas. As cartas retiradas não voltam para a pilha.

4. Se o jogador errar a soma, ele volta para o início. Se acertar, ele deve seguir o caminho indicado no mapa (de acordo com o valor tirado no dado).

5. Se o jogo não terminar em 14 rodadas, as cartas devem ser embaralhadas novamente para formar uma nova pilha, e assim continuar a partida.

6. Ganha aquele que primeiro alcançar a chegada.

PROBLEMAS

1 Lizandra caminhou 3,5 quilômetros no sábado e 4,2 quilômetros no domingo. Quanto Lizandra caminhou no fim de semana todo?

_____

2 Cida comprou uma barra de chocolate e deu 0,3 da barra para seu irmão Pedro e 0,2 para sua irmã Ana. Quanto da barra Cida deu para seus irmãos?

_____

Subtração de décimos

Fernando faz bolos para vender. Vamos calcular a quantidade de bolo de abacaxi que ele vendeu hoje.

Sabendo-se que cada bolo foi cortado em dez pedaços e que no começo do dia havia 3 bolos de abacaxi, e no final do dia sobraram 1 bolo inteiro e 2 pedaços, podemos calcular, por meio de **subtração**, a quantidade de pedaços de bolo que foram vendidos.

bolos inteiros ← quantidade de bolo de abacaxi no início do dia

Unidades	décimos
$^2\cancel{3},$	$^1 0$
− 1,	2
1,	8

quantidade de bolo de abacaxi que sobrou

$3,0 - 1,2 = 1,8$

Total de bolo de abacaxi que foi vendido: 1 bolo inteiro e 8 pedaços, ou 18 pedaços.

Veja outro exemplo de subtração com decimais:

Unidades	décimos
0,	5
− 0,	3
0,	2

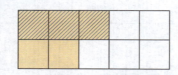

$$0,5 - 0,3 = 0,2$$

ATIVIDADES

1 Faça as subtrações como no exemplo.

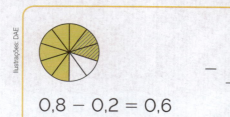

$$0,8 - 0,2 = 0,6$$

$$\begin{array}{r} 0,\ 8 \\ -\ 0,\ 2 \\ \hline 0,\ 6 \end{array}$$

b)

_____

a)

_____

c)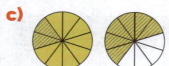

_____

2 Efetue as subtrações.

a)
$$\begin{array}{r} 0,\ 7 \\ -\ 0,\ 5 \\ \hline \end{array}$$

b)
$$\begin{array}{r} 7,\ 3 \\ -\ 0,\ 2 \\ \hline \end{array}$$

c)
$$\begin{array}{r} 2,\ 8 \\ -\ 1,\ 9 \\ \hline \end{array}$$

d)
$$\begin{array}{r} 8,\ 1 \\ -\ 2,\ 1 \\ \hline \end{array}$$

3 Complete cada subtração com o número que falta.

a)
$$\begin{array}{r} 0,\boxed{} \\ -\ 0,\ 2 \\ \hline 0,\ 7 \end{array}$$

b)
$$\begin{array}{r} \boxed{}\ 4 \\ -\ 1,\boxed{} \\ \hline 4,\ 2 \end{array}$$

c)
$$\begin{array}{r} 2,\boxed{} \\ -\ 0,\ 3 \\ \hline 2,\ 3 \end{array}$$

4 Faça conforme o modelo.

> 15 décimos − 2 décimos = 13 décimos ou 1,3

a) 14 décimos − 8 décimos = _____

b) 29 décimos − 15 décimos = _____

c) 45 décimos − 8 décimos = _____

5 Faça as operações no caderno e complete o quadro. Veja o exemplo.

Minuendo	Subtraendo	Resto	Número por extenso	Fração
5,4	3,8	1,6	um inteiro e seis décimos ou dezesseis décimos	$\dfrac{16}{10}$
0,6		0,4		
7,8	2,9			
9,1			um inteiro e três décimos ou treze décimos	

6 Descubra o padrão da sequência e preencha-a com os números que faltam.

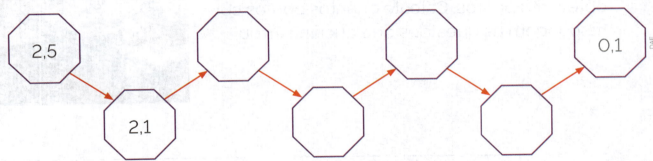

1 Maria tirou 0,6 dos R$ 590,00 que tinha na poupança para a compra de um presente para sua mãe. Qual fração sobrou do dinheiro e quanto isso representa em reais?

2 Lia leu 0,3 de um livro. Sabendo-se que ele tem 540 páginas, quantas páginas faltam para ela ler o livro todo?

3 Marcílio comprou 15 L de água e deu 6,5 L a Miguel. Com quantos litros de água Marcílio ficou?

4 Dos 10 pontos que valia uma prova, Luciana obteve 7,3 pontos. Calcule quantos pontos correspondem às questões que Luciana errou.

Multiplicação de décimos

Janaína cuida muito bem da saúde alimentando-se de muitas verduras e frutas e praticando atividades físicas. Todos os dias ela acorda cedo e corre 7,2 km.

Quantos quilômetros Janaína corre de segunda a domingo? Podemos responder a essa questão efetuando uma adição de parcelas iguais. Veja:

Maridav/iStockphoto.com

$$7,2 + 7,2 + 7,2 + 7,2 + 7,2 + 7,2 + 7,2 = 50,4$$

7 parcelas correspondem aos 7 dias da semana

Ou, também, podemos efetuar uma multiplicação:

$$7 \times 7,2 = 50,4$$

$$
\begin{array}{r}
^1 7,\ 2 \\
\times \qquad 7 \\
\hline
5\ \ 0,\ 4
\end{array}
$$

→ 1 ordem decimal

Dessa forma, podemos concluir que em 7 dias (de segunda a domingo) Janaína corre 50,4 km.

> Para multiplicar números decimais, fazemos assim:
> - multiplicamos os números como se fossem inteiros;
> - colocamos a vírgula no produto, de modo que o número de casas decimais do produto seja igual à soma das casas decimais dos fatores.

ATIVIDADES

1 Resolva as adições a seguir por meio de uma multiplicação. Observe o modelo.

> 0,6 + 0,6 + 0,6 = 3 × 0,6 = 1,8

a) 0,7 + 0,7 + 0,7 + 0,7 = _____

b) 0,9 + 0,9 + 0,9 + 0,9 + 0,9 = _____

2 Efetue.

a)
$$\begin{array}{r} 2,8 \\ \times \quad 3 \\ \hline \end{array}$$

b)
$$\begin{array}{r} 7,3 \\ \times \quad 6 \\ \hline \end{array}$$

c)
$$\begin{array}{r} 1\ 3,5 \\ \times \quad 7 \\ \hline \end{array}$$

3 Complete as sentenças.

a) Na multiplicação 5,13 por 6, o produto terá _____ casas decimais.

b) Se o produto de uma multiplicação é 8,8152, a soma das quantidades de casas decimais dos fatores é _____ .

4 Complete a sequência.

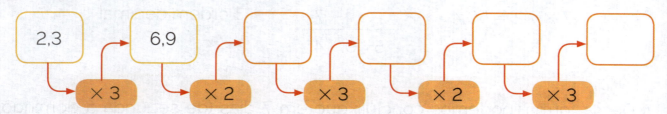

5 Some os pontos das sentenças verdadeiras e assinale o resultado dessa adição.

a) (11) 2,45 × 12 = 29,4

b) (30) 3 × 9,7 = 27,21

c) (49) 14 × 2,1 = 28,14

d) (88) 5,7 × 4 = 22,8

e) (120) 6 × 8,81 = 52,86

☐ 11   ☐ 129   ☐ 150   ☐ 219   ☐ 167

1 Amanda comprou 7 rolos com 1,2 metro de barbante cada um. Quantos metros de barbante ela comprou?

_____

2 Rebeca usa 4 caneleiras de 2,5 quilos cada uma para fazer exercícios. Quantos quilos ela usa no total?

_____

3 Matias usou 0,3 litro de óleo para uma receita de bolo. Quanto ele usaria para fazer 6 bolos iguais a esse?

_____

4 Patrícia comprou 5 pacotes de 0,5 kg de lentilha. Quantos quilos de lentilha ela comprou?

_____

5 César usa 0,2 do tanque de gasolina do seu carro para ir e voltar do trabalho todos os dias. Quanto ele usa de gasolina para trabalhar 5 dias?

_____

Centésimos

Ao dividirmos o quadrado a seguir em 100 partes iguais, cada uma dessas partes representará 1 centésimo desse quadrado. Observe na figura:

▢ ⟶ 1 centésimo

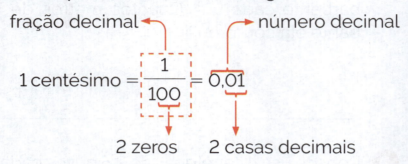

fração decimal ←   ⟶ número decimal

$$1 \text{ centésimo} = \frac{1}{100} = 0,01$$

2 zeros   2 casas decimais

Cada **100 centésimos** formam **1 inteiro**.

O centésimo ocupa a segunda ordem decimal depois da vírgula.

Unidades	décimos	centésimos
0,	0	1

Observe agora estas figuras:

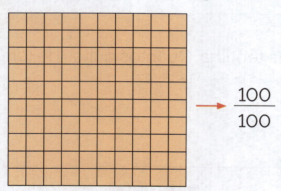

⟶ $\dfrac{100}{100}$

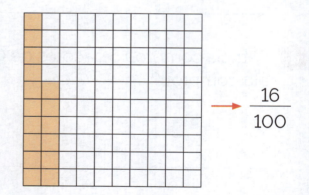

⟶ $\dfrac{16}{100}$

$$\frac{100}{100} + \frac{16}{100} = \frac{116}{100}$$

1 + 0,16 = 1,16 (1 inteiro e 16 centésimos)
A vírgula separa a parte inteira da parte decimal.

parte inteira ←— 1, 16 —⟶ parte decimal

SAIBA MAIS

Às vezes usamos, sem perceber, muitas palavras que estão relacionadas à **centésima parte** de algumas medidas importantes no dia a dia. Por exemplo, a palavra **centavo** significa a **centésima parte do real**.

Outro exemplo interessante é o **centímetro**, uma unidade muito usada para medir o comprimento dos objetos. O centímetro é a **centésima parte do metro**.

ATIVIDADES

1 Responda às questões.

a) Uma dezena tem quantas unidades? _____

b) Uma unidade tem quantos décimos? _____

c) Uma unidade tem quantos centésimos? _____

2 Complete o quadro.

Figura	Fração	Decimal	Número por extenso

3 Represente a fração como um número decimal no ábaco, conforme o exemplo.

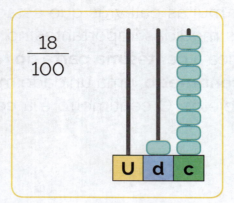

$\dfrac{18}{100}$

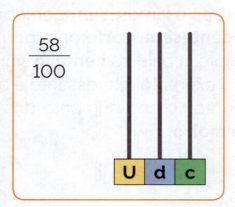

$\dfrac{58}{100}$

4 Escreva os números decimais por extenso.

a) 0,08 _____

b) 1,25 _____

c) 8,09 _____

5 Escreva com algarismos os números decimais a seguir.

a) cinco centésimos _____   **b)** quarenta e três centésimos _____

6 Complete o quadro conforme o exemplo.

Unidades	Décimos	Centésimos	Número decimal	Fração	Número por extenso
0	1	5	0,15	$\dfrac{15}{100}$	quinze centésimos
5	3	9			
			0,94		
				$\dfrac{87}{100}$	

178

Adição e subtração de centésimos

A adição e a subtração de centésimos devem ser feitas seguindo as mesmas regras da adição e da subtração com décimos.

- Devemos armar as contas de modo que fique **vírgula debaixo de vírgula** para depois efetuarmos a operação.
- Quando não houver algarismo em uma das ordens, devemos completar com 0 (zero).
- Não devemos nos esquecer de colocar a vírgula no resultado alinhada com as vírgulas dos termos adicionados ou subtraídos.

Observe estes exemplos de adições:

a)

U	d	c
0,	2	6
+ 0,	3	0
0,	5	6

b)

U	d	c
2,	0	7
+ 5,	3	0
7,	3	7

Agora observe estas subtrações:

a)

U	d	c
0,	9	8
− 0,	5	3
0,	4	5

b)

U	d	c
9,	0	0
− 0,	7	5
8,	2	5

ATIVIDADES

1 Arme e efetue as adições e as subtrações no quadro de ordens.

a) 0,58 + 0,22 = _____

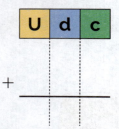

d) 0,83 − 0,61 = _____

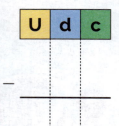

b) 1,75 + 1,32 = _____

e) 5,42 − 3,28 = _____

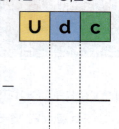

c) 5,18 + 0,34 = _____

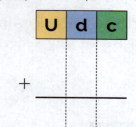

f) 7,02 − 6,98 = _____

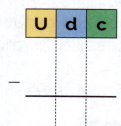

2 Pinte a conta e seu resultado com a mesma cor.

1,95 + 7,05   7   13,99 − 6,99   9

3 Some os pontos das afirmações verdadeiras e assinale o resultado dessa adição.

a) (11) 8,02 + 3 = 8,03

b) (30) 13,74 + 12 = 25,74

c) (49) 0,42 + 0,27 = 0,069

d) (88) 25,91 − 24,2 = 1,71

e) (120) 3,45 + 1,8 = 5,25

☐ 238   ☐ 11   ☐ 79   ☐ 0   ☐ 208

1 Luciana comprou 0,35 quilo de queijo e 0,26 quilo de presunto para fazer um lanche com a sua família. Quantos quilos ela comprou de frios no total?

_____

2 Marieta costurou um pedaço de tecido de 1,37 metro em outro pedaço de 2,68 metros. Com quantos metros ficaram os dois pedaços juntos?

_____

3 Para fazer um suco, Renan misturou 1,25 litro de água e 0,75 litro de suco concentrado. Quantos litros de suco ele fez?

_____

4 Rita comprou dois tipos de tecidos. Ela pagou R$ 8,75 no tipo A e R$ 12,45 no tipo B. Quanto ela pagou no total?

_____

5 Marcos foi à padaria comprar pães para o café da manhã. A conta deu, no total, R$ 4,35. Ele pagou com uma nota de 5 reais. Quanto ele recebeu de troco?

_____

Multiplicação de centésimos

A multiplicação de centésimos é feita exatamente como a dos décimos: multiplicamos os números como se fossem inteiros, contamos as ordens decimais dos fatores da direita para a esquerda e colocamos a vírgula no produto.

Observe este exemplo:

Vanessa comprou três pacotes de cereja com 0,75 quilo de cerejas em cada um.

Vamos calcular quantos quilos de cereja ela comprou no total.

$3 \times 0,75 = 2,25$

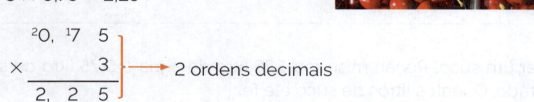

2 ordens decimais

ATIVIDADES

1 Efetue estas multiplicações:

a)
```
    0,  4  5
  ×        3
  _____
```

b)
```
    0,  3  2
  ×        7
  _____
```

c)
```
    0,  2  1
  ×        9
  _____
```

d)
```
    1,  3  7
  ×        2
  _____
```

e)
```
    5,  3  1
  ×        4
  _____
```

f)
```
    3,  8  9
  ×        6
  _____
```

g)
```
    1,  5  5
  ×        5
  _____
```

h)
```
    0,  7  4
  ×        8
  _____
```

i)
```
   1 2,  3  5
  ×         2
  _____
```

2 Faça, no caderno, as multiplicações indicadas e complete os esquemas.

a)

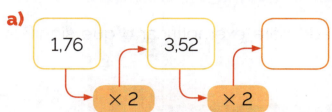

b)

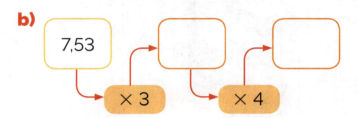

c)

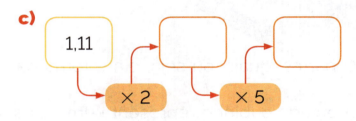

PROBLEMAS

1 Rogério precisa encher de terra 3 vasos de plantas. Em cada vaso cabem 3,25 quilos de terra. Ele tem um saco de 10 quilos de terra. O saco de terra que ele tem será suficiente para encher os 3 vasos?

_____

2 Cíntia comprou para sua festa de aniversário 8 garrafas com 2,25 litros de suco em cada uma. Quantos litros de suco ela comprou no total?

_____

Milésimos

Vamos retomar o Material Dourado para exemplificar o que significa um milésimo.

Veja a figura a seguir:

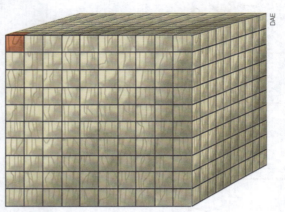

A figura está dividida em 1000 partes iguais, ou seja, ela é formada por 1000 cubinhos.

Dessa forma, podemos dizer que cada cubinho representa um milésimo do cubo.

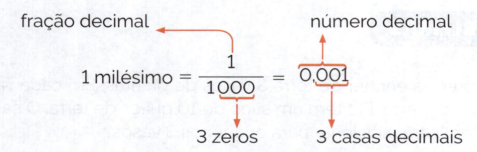

fração decimal   número decimal

$$1 \text{ milésimo} = \frac{1}{1000} = 0{,}001$$

3 zeros   3 casas decimais

Então, **1000 milésimos** formam **1 inteiro**.

$$\frac{1000}{1000} = 1$$

Uau! Agora aprenderemos a ler, escrever e representar os números com até três casas à direita da vírgula!

O milésimo ocupa a terceira ordem decimal depois da vírgula.

Unidades	décimos	centésimos	milésimos
0,	0	0	1

ATIVIDADES

1 Escreva os números usando algarismos.

a) 5 milésimos _____

b) 73 milésimos _____

c) 148 milésimos _____

d) 1 inteiro e 16 milésimos _____

e) 6 inteiros e 4 milésimos _____

f) 12 inteiros e 134 milésimos _____

2 Represente cada fração abaixo na forma de número decimal.

a) $\dfrac{6}{1000}$ = _____

b) $\dfrac{267}{1000}$ = _____

c) $\dfrac{198}{1000}$ = _____

d) $\dfrac{5}{1000}$ = _____

e) $\dfrac{245}{1000}$ = _____

f) $\dfrac{12}{1000}$ = _____

3 Complete o quadro de acordo com o modelo.

Unidades	Décimos	Centésimos	Milésimos	Número decimal	Fração
0	1	5	9	0,159	$\dfrac{159}{1000}$
					$\dfrac{4\,518}{1000}$
	8	1	8	0,818	
				8,221	
6	0	0	1		

4 Represente os números no quadro de ordens.

a) 15,026

D	U	d	c	m

b) 3,908

D	U	d	c	m

c) 0,341

D	U	d	c	m

5 Informe quantos milésimos são necessários para formar:

a) 3 inteiros _____   b) 25 inteiros _____   c) 227 inteiros _____

6 Escreva os números representados nos ábacos.

a)

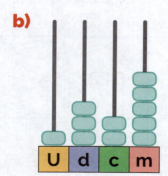

_____

b)

_____

c)

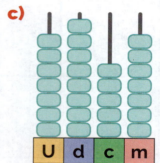

_____

d)

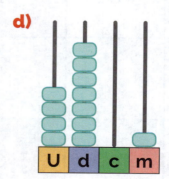

_____

PROBLEMAS

1 A loja Musical Discos, que vende discos de vinil antigos, tem um estoque com o total de 1000 discos. Marcela, a vendedora dessa loja, resolveu organizar os vinis por estilo musical.

Depois de organizar, ela registrou a quantidade de discos de cada estilo em um quadro.

Estilo musical	Rock	Sertanejo	MPB	Samba	Erudita
Quantidade	430	143	256	174	7

a) Escreva as frações decimais correspondentes à quantidade de discos de cada estilo musical em relação ao total de discos da loja.

- Rock: _____.
- Sertanejo: _____.
- MPB: _____.
- Samba: _____.
- Erudita: _____.

b) Escreva os números decimais correspondentes à quantidade de discos de cada estilo musical em relação ao total de discos da loja.

- Rock: _____.
- Sertanejo: _____.
- MPB: _____.
- Samba: _____.
- Erudita: _____.

Adição, subtração e multiplicação com milésimos

A adição, a subtração e a multiplicação com milésimos são feitas exatamente como aquelas com os décimos e os centésimos, sem se esquecer de que na adição e na subtração deve-se colocar 0 (zero) na ordem que não tiver algarismo.

Observe os exemplos abaixo:

Adição

a) 0,075 + 1,457 = 1,532

```
  0,  0  7  5
+ 1,  4  5  7
  ─────────────
  1,  5  3  2
```

b) 4 + 0,628 + 3,4 = 8,028

```
  4,  0  0  0
  0,  6  2  8
+ 3,  4  0  0
  ─────────────
  8,  0  2  8
```

Subtração

a) 0,058 − 0,032 = 0,026

```
  0,  0  5  8
− 0,  0  3  2
  ─────────────
  0,  0  2  6
```

b) 7 − 2,538 = 4,462

```
  7,  0  0  0
− 2,  5  3  8
  ─────────────
  4,  4  6  2
```

Multiplicação

a) 7 × 0,213 = 1,491

```
  0,  2  1  3   → 3 ordens decimais
×           7
  ─────────────
  1,  4  9  1   → 3 ordens decimais
```

b) 0,2 × 6,37 = 1,274

```
  6,  3  7   → 3 ordens decimais
×     0,  2   → 1 ordem decimal
  ─────────────
  1,  2  7  4   → 3 ordens decimais
```

1 Arme e efetue estas operações:

a) 0,462 + 0,126 + 0,412 = _____

d) 0,946 − 0,372 = _____

b) 8,56 + 6 + 2,560 = _____

e) 10 − 0,458 = _____

c) 8,5 + 1,48 + 0,092 = _____

f) 3,585 − 1,25 = _____

2 Ligue os valores que, adicionados, têm resultado igual a 10.

3,271	7,995
7,535	6,729
2,005	1,901
8,099	2,465

3 Efetue as multiplicações a seguir:

a)
$$
\begin{array}{r}
3,1\ 5\ 4 \\
\times \quad\quad\ 2 \\
\hline
\end{array}
$$

c)
$$
\begin{array}{r}
5,2\ 1\ 9 \\
\times \quad\quad\ 4 \\
\hline
\end{array}
$$

b)
$$
\begin{array}{r}
6,1\ 5 \\
\times \quad 0,3 \\
\hline
\end{array}
$$

d)
$$
\begin{array}{r}
0,2\ 6 \\
\times \quad 0,4 \\
\hline
\end{array}
$$

4 Complete o quadro conforme o exemplo.

Adição	5,098	1,002	6,1
	2,315	2	4,63
Subtração	0,896		0,875
Multiplicação	4,002	4,1	
	9,487	8,487	1

+2/1 PROBLEMAS

1 A medida-padrão de uma maratona é 42,195 quilômetros. Já para meia maratona a medida é 21,097 quilômetros. Em um mês, Júlia correu duas maratonas e Leandro correu 3 meias maratonas. Quem percorreu mais quilômetros? Justifique sua resposta.

Pavel1964/Shutterstock.com

_____

2 O estado do Amazonas tem aproximadamente 3,874 milhões de habitantes e o estado de Pernambuco tem 9,278 milhões. Quantos milhões de habitantes Pernambuco tem a mais do que o estado de Amazonas?

_____

Multiplicação de um número decimal por 10, 100 e 1000

Observe estas multiplicações:

$8,7 \times 10 = 87$ $8,7 \times 100 = 870$ $8,7 \times 1000 = 8\,700$

> Para multiplicarmos um número decimal por 10, 100 ou 1000, deslocamos a vírgula, respectivamente, uma, duas ou três ordens **para a direita**.

● Multiplicação por 10

Desloca-se a vírgula uma ordem para a direita.

Exemplos:

a) $9,45 \times 10 = 94,5$

b) $24,9 \times 10 = 249$

c) $0,65 \times 10 = 6,5$

d) $0,02 \times 10 = 0,2$

● Multiplicação por 100

Desloca-se a vírgula duas ordens para a direita.

Exemplos:

a) $3,21 \times 100 = 321$

b) $6,9 \times 100 = 690$

c) $33,5 \times 100 = 3\,350$

d) $0,581 \times 100 = 58,1$

● Multiplicação por 1000

Desloca-se a vírgula três ordens para a direita.

Exemplos:

a) $8,3 \times 1000 = 8\,300$

b) $5,37 \times 1000 = 5\,370$

c) $48,2 \times 1000 = 48\,200$

d) $0,43 \times 1000 = 430$

1 Complete as frases a seguir:

a) Na multiplicação de um número decimal por _____, deslocamos a vírgula **uma** ordem para a direita.

b) Na multiplicação por **1000**, deslocamos a vírgula _____ ordens para a direita.

c) Na multiplicação por _____, deslocamos a vírgula **duas** ordens para a direita.

2 Calcule conforme o exemplo.

> 0,897 × 10 = 8,97
> 0,897 × 100 = 89,7
> 0,897 × 1000 = 897

a) 1,478 × 10 = _____

   1,478 × 100 = _____

   1,478 × 1000 = _____

b) 0,45 × 10 = _____

   0,45 × 100 = _____

   0,45 × 1000 = _____

c) 21,356 × 10 = _____

   21,356 × 100 = _____

   21,356 × 1000 = _____

d) 5,148 × 10 = _____

   5,148 × 100 = _____

   5,148 × 1000 = _____

3 Complete as operações.

a) 9,3 × _____ = 93

b) 9,465 × _____ = 9 465

c) 45,12 × _____ = 4 512

d) 3,8 × _____ = 38

e) 2,5 × _____ = 2 500

f) 5,78 × _____ = 578

4 Complete o quadro.

Número	× 10	× 100	× 1000
0,123			
2,894			
		1580,9	
			31006
	55,05		
			777
1,313			

PROBLEMAS

1 Lígia usa 0,375 g de queijo ralado para preparar a receita de uma torta. Se ela preparar 3 tortas, quantos gramas de queijo ralado ela irá precisar?

_____

2 Mirela toma 0,25 L de chá de hortelã todas as manhãs. Quantos litros de chá ela consome em uma semana?

_____

3 Em uma fábrica de calças *jeans* são utilizados 2,45 metros de *jeans* para cada calça. Sabendo que essa fábrica faz 100 calças por dia quantos metros de *jeans* serão utilizados em 10 dias?

_____

Divisão de um número decimal por 10, 100 e 1000

Observe estas divisões:

$$27 \div 10 = 2{,}7 \qquad 27 \div 100 = 0{,}27 \qquad 27 \div 1000 = 0{,}027$$

> Para dividirmos um número decimal por 10, 100 ou 1000, deslocamos a vírgula, respectivamente, uma, duas ou três ordens **para a esquerda**.

● **Divisão por 10**

Desloca-se a vírgula uma ordem para a esquerda.

Exemplos:

a) $23{,}5 \div 10 = 2{,}35$
b) $7{,}63 \div 10 = 0{,}763$
c) $0{,}5 \div 10 = 0{,}05$
d) $0{,}25 \div 10 = 0{,}025$

● **Divisão por 100**

Desloca-se a vírgula duas ordens para a esquerda.

Exemplos:

a) $89{,}5 \div 100 = 0{,}895$
b) $4{,}1 \div 100 = 0{,}041$
c) $723{,}8 \div 100 = 7{,}238$
d) $4\,243{,}5 \div 100 = 42{,}435$

● **Divisão por 1 000**

Desloca-se a vírgula três ordens para a esquerda.

Exemplos:

a) $12{,}4 \div 1000 = 0{,}0124$
b) $342{,}2 \div 1000 = 0{,}3422$
c) $8\,157{,}6 \div 1000 = 8{,}1576$
d) $11\,131{,}7 \div 1000 = 11{,}1317$

ATIVIDADES

1 Escreva **V** para verdadeiro e **F** para falso em cada sentença.

☐ Quando dividimos um número decimal por 10, devemos deslocar a vírgula duas ordens para a direita.

☐ Quando dividimos um número decimal por 100, devemos deslocar a vírgula duas ordens para a esquerda.

☐ Quando dividimos um número decimal por 1000, devemos deslocar a vírgula três ordens para a direita.

☐ Quando dividimos um número decimal por 1000, devemos deslocar a vírgula três ordens para a esquerda.

2 Efetue estas divisões:

a) $13,6 \div 10 =$ _____

b) $5,78 \div 10 =$ _____

c) $2,8 \div 10 =$ _____

d) $0,4 \div 10 =$ _____

e) $15,78 \div 100 =$ _____

f) $2,7 \div 100 =$ _____

g) $89,6 \div 100 =$ _____

h) $135,5 \div 100 =$ _____

i) $9\,386,9 \div 1000 =$ _____

j) $2\,865,3 \div 1000 =$ _____

k) $7\,645,7 \div 1000 =$ _____

l) $1,3 \div 1000 =$ _____

3 Complete o quadro.

Número	÷ 10	÷ 100	÷ 1000
10 000			
3 572			
945			
17			
9			
1			

SISTEMA MONETÁRIO

Todo país tem um sistema monetário, em que o dinheiro é o principal instrumento.

No Brasil, o nome do dinheiro é **real** e seu símbolo é **R$**.

O real circula em moedas e em cédulas (notas).

Um real está dividido em 100 pares iguais e cada uma dessas partes se chama **centavo**. Portanto, o centavo é a centésima parte do real.

1 centavo = $\dfrac{1}{100}$ de real

A vírgula separa os reais **inteiros** de seus **centavos**.

Observe:

R$ 10,45

dez reais ←——————   ——————→ quarenta e cinco centavos

Operações com dinheiro

As adições, as subtrações ou as multiplicações com dinheiro devem seguir as mesmas regras das operações com os números decimais.

Acompanhe os exemplos.

Carlos Jorge

Adição e subtração

R$ 1,30 + R$ 0,75 = R$ 2,05

```
  R$ 1, 3 0
+ R$ 0, 7 5
-----------
  R$ 2, 0 5
```

> Posicionamos vírgula debaixo de vírgula e fazemos normalmente a operação colocando a vírgula no resultado na mesma posição das vírgulas dos termos.

Multiplicação

3 × R$ 2,50 = R$ 7,50

```
  R$ 2, 5 0
×         3
-----------
  R$ 7, 5 0
```

> Multiplicamos normalmente e só no resultado contamos e adicionamos as casas decimais dos fatores, a fim de saber onde ficará a vírgula no produto.

 SAIBA MAIS

Com cédulas e moedas podemos pagar pelos produtos e serviços que desejamos. O cheque é uma forma de pagamento que já foi muito usada, porém, com o avanço da tecnologia, está sendo substituído por outras formas, como os cartões de crédito e de débito.

BeeBright/Shutterstock.com

Léo Burgos

ATIVIDADES

1 Escreva as quantias em reais de acordo com as cédulas e moedas em cada item.

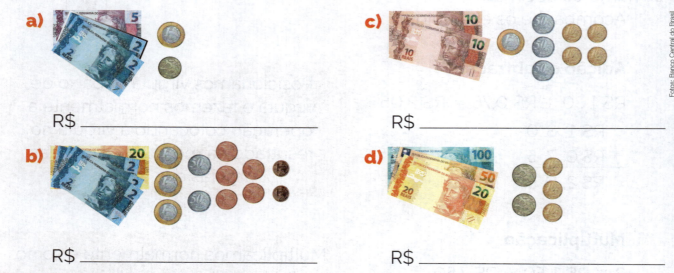

a)

R$ _____

c)

R$ _____

b)

R$ _____

d)

R$ _____

Fotos: Banco Central do Brasil

2 Calcule o troco em cada situação.

Dinheiro dado	Valor da compra	Troco
	R$ 127,85	R$ _____
	R$ 5,97	R$ _____
	R$ 27,75	R$ _____
	R$ 50,10	R$ _____
	R$ 1,25	R$ _____

3 Complete as sentenças com os sinais > e < para que fiquem verdadeiras.

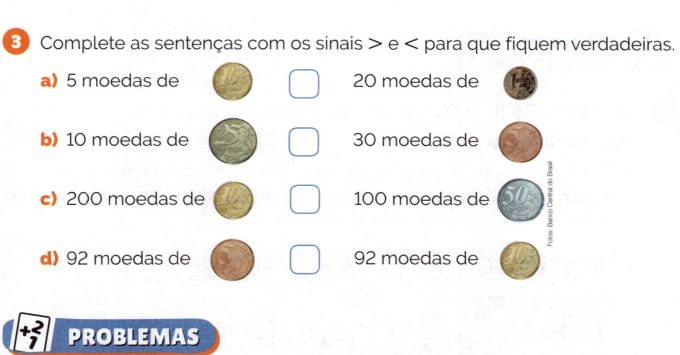

a) 5 moedas de [ ] 20 moedas de

b) 10 moedas de [ ] 30 moedas de

c) 200 moedas de [ ] 100 moedas de

d) 92 moedas de [ ] 92 moedas de

Fotos: Banco Central do Brasil

+2/1 PROBLEMAS

1 Observe a placa do posto de combustível e faça o que se pede.

Gasolina Comum	3,25
Gasolina Aditivada	3,27
Etanol	2,69
Biodiesel Comum	2,47

Renaldo Vignati

a) Antônio abastecerá o carro com 32 litros de gasolina aditivada. Quanto ele pagará?

_____

b) Escreva por extenso o valor a ser pago por Antônio.

_____

c) Se Antônio abastecer o carro com 20 litros de etanol, quanto ele pagará?

_____

1 Juliana tem R$ 100,00 para comprar os itens da lista a seguir.

Lista de compras

- 6 caixas de leite, 5 garrafas de água, 3 molhos de tomate, 2 caixas de cereal matinal, 3 abacaxis, 1 dúzia de banana, 0,5 kg de pera, 1,5 kg de peixe, 1 embalagem de papel higiênico.

Veja os valores dos produtos no supermercado e responda:

a) Qual será o valor total da compra se ela levar todos os itens da lista?

_____

b) A quantia que Juliana tem dá para comprar todos os itens da lista? _____

- Caso sim, quanto ela receberia de troco?

_____

- Caso não, quanto falta?

_____

PEQUENO CIDADÃO

Sustentabilidade e economia

Entenda por que o preço do combustível tem até três dígitos depois da vírgula

O sistema de cálculo do preço do combustível é uma incógnita. Afinal, por que gasolina, etanol, diesel e gás são cobrados com três dígitos após a vírgula, se nossa moeda só tem duas casas? Isso faz com que os combustíveis sejam os únicos produtos a seguir essa regra em todo o território nacional.

A prática é legal, pois a regulamentação para a terceira casa depois da vírgula está presente em uma portaria da ANP (Agência Nacional do Petróleo) criada ainda sob a vigência do Plano Real, em 1994. A portaria ainda prevê que o valor final não pode ser pago da mesma forma. Nesse caso, então, anula-se a última casa. Por exemplo: se o total na bomba somar R$ 120,187, o consumidor irá pagar R$ 120,18. Se o total fosse registrado com duas unidades após a vírgula, o valor seria arredondado para R$ 120,20.

[...]

Se um posto de abastecimento cobra, por exemplo, R$ 3,599 pelo litro de combustível e tem movimento de 4 mil clientes por mês, que consomem em média 10 litros por dia, o posto fatura R$ 4.318,800. Se nas mesmas condições ele passar a cobrar apenas com duas casas, ou seja, R$ 3,59, ele deixaria de ganhar R$ 10 mil em um mês, faturando R$ 4.308.000.

[...]

Entenda por que o preço do combustível tem até três dígitos depois da vírgula. *Brasil Postos*, [Joinville], 11 nov. 2019. Disponível em: https://www.brasilpostos.com.br/noticias/combustiveis-2/entenda-por-que-o-preco-do-combustivel-tem-ate-tres-digitos-depois-da-virgula/. Acesso em: 13 abr. 2020.

1 Explique com suas palavras por que é mais vantajoso para o posto de abastecimento que os valores dos combustíveis apresentem 3 casas decimais no lugar de apenas 2 casas.

_____

_____

_____

UNIDADE 14

MEDIDA DE COMPRIMENTO

O metro

Observe que, nas fotografias acima, as pessoas estão medindo comprimentos.

> O **metro** é a unidade de medida fundamental utilizada para determinar comprimentos. Seu símbolo é **m**.

Com o metro podemos medir, por exemplo, a altura de uma pessoa ou de um animal, a largura de uma sala, de um terreno, de uma rua etc.

Para comprimentos muito grandes ou muito pequenos, podemos utilizar os **múltiplos** e os **submúltiplos** do metro.

Os **múltiplos do metro** são as unidades de medida maiores que o metro. São elas: o **decâmetro**, o **hectômetro** e o **quilômetro**.

O múltiplo do metro mais usado é o **quilômetro**.

Os **submúltiplos do metro** são as unidades de medida **menores** que o metro. São elas: o **decímetro**, o **centímetro** e o **milímetro**. Os submúltiplos representam frações decimais do metro que correspondem respectivamente à décima, à centésima e à milésima parte do metro.

O **centímetro** é o submúltiplo do metro mais usado.

Veja abaixo os nomes, símbolos e valores dos múltiplos e submúltiplos do metro.

	Nome	Símbolo	Valor
Múltiplos	quilômetro	km	1 000 m
	hectômetro	hm	100 m
	decâmetro	dam	10 m
Unidade fundamental	**metro**	**m**	**1 m**
Submúltiplos	decímetro	dm	$\frac{1}{10}$ m = 0,1 m
	centímetro	cm	$\frac{1}{100}$ m = 0,01 m
	milímetro	mm	$\frac{1}{1000}$ m = 0,001 m

Veja exemplos de como escrevemos e lemos o metro, seus múltiplos e submúltiplos.

	km	hm	dam	m	dm	cm	mm	
6,2 m				6,	2			seis metros e dois decímetros
7,184 km	7,	1	8	4				sete quilômetros, cento e oitenta e quatro metros
24 cm					2	4		vinte e quatro centímetros
8,6 cm						8,	6	oito centímetros e seis milímetros
345 mm					3	4	5	trezentos e quarenta e cinco milímetros

Nas medidas de comprimento, cada unidade vale **10 vezes mais** que a unidade imediatamente anterior.

- 1 cm = 10 mm
- 1 dm = 10 cm
- 1 m = 10 dm
- 1 dam = 10 m
- 1 hm = 10 dam = 100 m
- 1 km = 10 hm = 100 dam = 1 000 m

 SAIBA MAIS

Você sabia que...

A distância de nosso planeta até a Lua é de aproximadamente 384 405 km e até o Sol é de cerca de 150 milhões de quilômetros?

Na ilustração, o tamanho dos elementos e a distância entre eles não estão em proporção. Foram utilizadas cores-fantasia.

E que uma pulga pode medir até 5 mm?

ATIVIDADES

1 Complete.

a) O _____ é a unidade fundamental de medida de comprimento.

b) Usamos o metro para medidas de _____.

c) O símbolo do metro é _____.

d) São múltiplos do metro: _____.

e) Os submúltiplos do metro são: _____.

2 Complete a tabela conforme o exemplo.

	km	hm	dam	m	dm	cm	mm
35,18 m			3	5,	1	8	
7,5 km							
2 859 mm							
97,9 m							
1 145 m							
1 867 mm							
43,987 m							

3 Escreva por extenso as medidas abaixo.

a) 289 m _____

b) 0,6 m _____

c) 0,46 m _____

d) 1,75 m _____

e) 2,8 km _____

f) 0,5 km _____

4 Ligue a unidade de medida aos objetos que podem ser adequadamente medidos com elas.

quilômetro   milímetro   metro   centímetro

Mudança de unidade

Transformação da unidade de medida maior para a menor

Para transformar uma unidade de medida maior em outra menor, devemos multiplicá-la por 10, 100 ou 1 000 deslocando a vírgula **para a direita**.

Veja o exemplo passo a passo para transformar 3,3 km em dam:

1. Escrevemos o número 3,3 na tabela, de modo que a parte inteira fique na casa do km.

km	hm	dam	m	dm	cm	mm
3,	3					

2. Deslocamos a vírgula para a casa do dam.

km	hm	dam	m	dm	cm	mm
3	3	0,	0			

3. Como 330,0 = 330; 3,3 km equivale a 330 dam.

Exemplos:

Transformar	km	hm	dam	m	dm	cm	mm	
5 km em m	5	0	0	0				$5 \times 1\,000 = 5\,000$
48 m em cm			4	8	0	0		$48 \times 100 = 4\,800$
1,237 hm em m		1	2	3,	7			$1,237 \times 100 = 123,7$
0,875 hm em dam		0	8,	7	5			$0,875 \times 10 = 8,75$
1,356 km em m	1	3	5	6				$1,356 \times 1\,000 = 1356$

Transformação da unidade de medida menor para a maior

Para transformar uma unidade de medida menor em outra maior, devemos dividi-la por 10, 100 ou 1 000 deslocando a vírgula **para a esquerda**.

Exemplos:

Transformar	km	hm	dam	m	dm	cm	mm	
23,6 dm em m				2,	3	6		$23,6 \div 10 = 2,36$
847,5 cm em m				8,	4	7	5	$847,5 \div 100 = 8,475$
197,4 dm em m			1	9,	7	4		$197,4 \div 10 = 19,74$
38,6 cm em dm					3,	8	6	$38,6 \div 10 = 3,86$
432,7 cm em m				4,	3	2	7	$432,7 \div 100 = 4,327$

Carlos Jorge

ATIVIDADES

1 Transforme as medidas abaixo em metro.

	km	hm	dam	m	dm	cm	mm
72 hm							
3,76 dam							
6,73 km							

2 Transforme:

a) 87 m em quilômetros; _____

b) 586 km em metros; _____

c) 72,3 dm em milímetros; _____

d) 97,56 milímetros em metros. _____

3 Relacione as duas colunas.

■ Para transformar metros em:

a) quilômetros ☐ multiplico por 1000.

b) centímetros ☐ divido por 10.

c) decâmetros ☐ multiplico por 100.

d) milímetros ☐ divido por 1000.

4 Escreva **V** para verdadeiro e **F** para falso.

☐ 6 km = 6 000 m

☐ 64 hm = 640 dm

☐ 37 cm = 0,37 m

☐ 50 mm = 5 m

5 Ligue as medidas correspondentes.

13 000 000 mm	130 km	130 000 m
13 hm	0,0013 km	1,3 m
1 300 000 dm	13 km	13 000 m
103 dam	1,03 km	1300 m
130 cm	1,3 km	10 300 dm

6 Complete a tabela abaixo.

	km	hm	dam	m	dm	cm	mm
79 m	0,079	0,79	7,9	79	790	7 900	79 000
8 000 m							
3,6 hm							
5,73 cm							
801,73 dam							
7 000 m							

7 Observe a malha quadriculada ao lado. Considere que cada lado dos quadrados mede 6 cm. Nela existem algumas linhas coloridas.

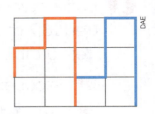

Analise a figura e responda às perguntas.

a) Qual é o comprimento da linha vermelha, em milímetros?

_____

b) Qual é o comprimento da linha azul, em decímetros?

_____

1 Rita e suas vizinhas pretendem, juntas, colocar uma cerca de tela na frente de suas casas. Veja:

a) Quantos metros de cerca elas irão precisar?

11,8 m   13,5 m   9,7 m

_____

b) Rita comprou 42,5 metros de tela, quantos metros vão sobrar?

_____

2 Milu e Zeca gostam de correr para se exercitar. Todas as manhãs, Milu corre 13,35 km e Zeca corre 15 250 metros. Qual dos dois corre mais? Qual é a diferença da distância percorrida em km entre eles?

_____

3 Luzia é vendedora em uma loja de tecidos. Na semana passada, ela vendeu 18,7 m de viscose, 13,5 m de seda, 15,8 m de algodão e 27,4 m de cetim. Veja a tabela de preços dos tecidos e responda às perguntas.

- Viscose: R$ 17,80 o metro.
- Seda: R$ 35,00 o metro.
- Algodão: R$ 9,50 o metro.
- Cetim: R$ 7,00 o metro.

a) Quantos metros de tecido ela vendeu no total?

_____

b) Quantos reais ela recebeu na semana passada?

_____

4 Martina tinha 17,1 m de linha de costura. Deu 5,30 m para Valéria. Com quantos metros de linha Martina ficou?

_____

5 Para fazer um vestido, Vilma gastou 5,80 m de tecido. Quantos metros de tecido ela gastará para fazer 12 vestidos iguais a esse?

_____

6 Uma operadora de TV fará o cabeamento em um condomínio. O local tem 4 torres, e cada torre tem 16 andares. Para cada andar, serão gastos 54,4 metros de cabo. Quantos metros serão gastos em todo o condomínio?

_____

🔍 PESQUISANDO

1 Com uma trena, meça o comprimento e a largura de seu quarto. Anote as medidas no caderno. Em seguida, meça e anote também a largura e a altura da porta. Escreva cada uma dessas medidas em metros, em centímetros e em milímetros; depois, mostre-as ao professor.

MEDIDA DE MASSA

O quilograma

Nas fotografias acima, as pessoas estão medindo a **massa**.

O **quilograma**, ou **quilo**, e o **grama** são as unidades mais utilizadas para medir massa. O símbolo do quilograma é **kg** e o do grama é **g**.

A palavra **quilo** quer dizer "mil"; logo, cada quilograma é formado por mil gramas. O quilograma é um **múltiplo** do grama.

Para medir a massa de produtos que tenham menos de um quilo, usamos o grama.

Observe o quadro a seguir para conhecer outros múltiplos e submúltiplos do grama.

	Nome	Símbolo	Valor
Múltiplos	quilograma	kg	1000 g
	hectograma	hg	100 g
	decagrama	dag	10 g
Unidade fundamental	grama	g	1 g
Submúltiplos	decigrama	dg	$\dfrac{1}{10}$ g = 0,1 g
	centigrama	cg	$\dfrac{1}{100}$ g = 0,01 g
	miligrama	mg	$\dfrac{1}{1000}$ g = 0,001 g

 SAIBA MAIS

Além dessas unidades de medida, usamos outras duas unidades para indicar a massa: a **tonelada** e a **arroba**.

Para medir grandes massas, como a de um elefante, de cargas de navios, caminhões ou trens, usamos a **tonelada** (t), que é igual a **1000 kg** ou **1000 000 g (1 milhão de gramas)**.

Para pesarmos gado, cacau, fumo e algodão, por exemplo, usamos a unidade de medida **arroba**, que é igual a **15 kg**.

A massa de um elefante adulto é de aproximadamente 7 toneladas.

A massa de um boi adulto é de aproximadamente 1100 kg.

ATIVIDADES

1 Circule os produtos que são comprados em quilograma.

2 Associe os itens a seguir à unidade mais adequada para medir a massa.

a) elefante

b) *pitbull* adulto

c) baleia jubarte

d) cafeína do comprimido de analgésico

e) bezerro

f) criança de 7 anos

miligrama

quilograma

arroba

tonelada

3 Todas as maçãs que estão na balança têm a mesma massa. Quanto pesa cada maçã?

4 Observe a balança ao lado e responda.

a) Qual é a massa, em gramas, indicada na balança?

_____

b) Quanto falta para completar 1 quilograma?

_____

Mudança de unidade

Transformação da unidade de medida maior para a menor

Para transformar uma unidade de medida maior em outra menor, devemos multiplicá-la por 10, 100 ou 1000 deslocando a vírgula **para a direita**.

Exemplos:

	kg	hg	dag	g	dg	cg	mg	
2,53 kg em hg	2	5,	3					2,53 × 10 = 25,3
9,3 hg em g		9,	3	0				9,3 × 100 = 930
8 kg em g	8	0	0	0				8 × 1000 = 8 000

Transformação da unidade de medida menor para a maior

Para transformar uma unidade de medida menor em outra maior, devemos dividi-la por 10, 100 ou 1000 deslocando a vírgula **para a esquerda**.

Exemplos:

	kg	hg	dag	g	dg	cg	mg	
12,6 dg em g				1,	2	6		12,6 ÷ 10 = 1,26
9,28 g em hg		0,	0	9	2	8		9,28 ÷ 100 = 0,0928
6 500 g em kg	6,	5	0	0				6 500 ÷ 1000 = 6,5

ATIVIDADES

1 Transforme as medidas nas unidades indicadas.

a) 5 000 g = _____ kg

b) 41 mg = _____ g

c) 0,2 g = _____ dg

d) 1,8 kg = _____ g

e) 9 dag = _____ g

f) 5,6 hg = _____ cg

g) 345 mg = _____ g

h) 87 dag = _____ kg

2 Complete as frases com as massas indicadas.

a) 3 pacotes de 200 gramas de manteiga têm _____ gramas

b) 13 pacotes de 1 quilo de farinha de trigo têm _____ gramas

c) 6 pacotes de meio quilo de café têm _____ gramas

d) 3 pacotes de 5 quilos de arroz têm _____ gramas

3 Analise a imagem.

Marco Cortez

Os passageiros desse elevador somam massa de 226,8 kg e as crianças têm massas exatamente iguais. A massa da mulher é 67,5 kg e a do homem é 89,3 kg.

Sabendo disso, responda:

a) Qual é a massa das duas crianças juntas?

_____

b) Quanto pesa cada criança?

_____

1 Vitor precisava comprar 20 kg de areia para fazer uma reforma em casa. Porém, ele só encontrou pacotes de 2 500 gramas. Quantos pacotes ele deve comprar?

_____

2 Maria e Júlia subiram juntas em uma balança que registrou 97,2 kg. Depois que Júlia desceu da balança, registrou 46,5 kg. Quanto pesa Júlia?

_____

3 Para fazer 4 kg de argamassa, um pedreiro usa $\dfrac{1}{4}$ de cimento e $\dfrac{3}{4}$ de areia. Para fazer 24 kg de argamassa, de quantos quilos de cimento ele vai precisar? E de areia?

_____

4 Dona Zizi calculou 50 gramas de feijão e 350 gramas de carne por pessoa para fazer uma feijoada. Se ela convidar 50 pessoas, quantos quilos de feijão precisa comprar? E quantos quilos de carne?

Elton Gomes Ribeiro/Shutterstock.com

_____

PEQUENO CIDADÃO

10 dicas para ser sustentável no supermercado

[...]

Se for comprar alimentos perecíveis, leve apenas a quantidade necessária. Fique atento também ao prazo de validade dos enlatados. Comprando apenas aquilo que você sabe que vai consumir você acaba gastando menos e evitando que frutas, legumes, verduras, hortaliças e carnes apodreçam em sua casa ou que produtos passem da validade e acabem no lixo.

[...]

Em vez de ir uma vez só por mês ao supermercado e comprar um estoque mensal de alimentos, prefira ir quinzenal ou semanalmente. Assim você evita comprar produtos que perderão a validade e acabarão no lixo.

[...]

No lugar de comprar alimentos em embalagens padronizadas, experimente comprar somente a quantidade que você precisa. Além de evitar as embalagens descartáveis, você reduz o desperdício ao levar para casa apenas o que precisa.

[...]

Toda vez que você manipula algum alimento, como frutas, verduras e legumes, você reduz a sua vida útil e aumenta as chances de desperdício. Por isso, evite ao máximo o contato na hora da escolha. Quando for à feira ou ao supermercado, escolha com os olhos e pegue nos alimentos somente depois que decidir qual irá levar.

[...]

Se for comprar pouca coisa, recuse a sacola plástica e leve os produtos em uma ecobag ou mesmo na bolsa ou mochila. Assim você reduz o consumo de plástico e vira um propagador da consciência ambiental. [...]

10 dicas para ser sustentável no supermercado. *Portal EcoD*, [Salvador], 9 set. 2011. Disponível em: http://www.ecodesenvolvimento.org/voceecod/10-dicas-para-ser-sustentavel-no-supermercado. Acesso em: 13 abr. 2020.

- Das atitudes citadas no texto, quais você tem quando faz compras com seus pais ou outra pessoa responsável por você? Escreva no caderno.

- Discuta com os colegas a importância de ter atitudes sustentáveis e cite alguma que você já tenha adotado.

1 Pesquise a massa, em grama e quilogramas, de algumas embalagens de terra e os valores em reais.

_____

_____

_____

■ Agora, estime quanto pesa a massa da terra que compõe a horta urbana ao lado. Escreva esse valor em gramas, em quilogramas e em toneladas.

_____

_____

_____

■ Em seguida, estime o valor gasto com a terra para compor o jardim acima.

_____

_____

2 Estime quantos quilogramas de feijão são consumidos por ano em sua casa. Em seguida, divida esse valor pela quantidade de pessoas da casa e calcule a quantidade de feijão que cada um consome, em média, por ano. Compare o resultado com o dos colegas.

_____

_____

_____

_____

O litro

Quando é preciso medir a quantidade de líquidos, ou seja, a **capacidade**, usa-se a unidade fundamental de medida de capacidade, que é o **litro**. O símbolo do litro é **L**.

Assim como o metro e o grama, o litro tem múltiplos e submúltiplos. As unidades de medida **maiores** que o litro são chamadas de **múltiplos do litro**, e as unidades **menores**, de **submúltiplos do litro**.

Litro de suco de laranja.

No Brasil, a gasolina é comercializada em litros.

Veja na tabela a seguir os múltiplos e os submúltiplos do litro com seus respectivos símbolos e valores.

	Nome	Símbolo	Valor
Múltiplos	quilolitro	kL	1000 L
	hectolitro	hL	100 L
	decalitro	daL	10 L
Unidade fundamental	litro	L	1 L
Submúltiplos	decilitro	dL	$\dfrac{1}{10}$ L = 0,1 L
	centilitro	cL	$\dfrac{1}{100}$ L = 0,01 L
	mililitro	mL	$\dfrac{1}{1000}$ L = 0,001 L

O **litro** e o **mililitro** são as unidades de medida de capacidade mais usadas.

Nas medidas de capacidade, cada unidade vale 10 vezes mais que a unidade imediatamente anterior.

Exemplos:

- 1 daL tem 10 L;
- 1 hL tem 10 daL ou 100 L;
- 1 kL tem 10 hL ou 100 daL ou 1000 L.

Observe o quadro abaixo e veja como foram feitas as conversões.

kL	hL	daL	L	dL	cL	mL	
1	0	0	0				1 kL = 1000 L
	1	0	0				1 hL = 100 L
		1	0				1 daL = 10 L
			1	0			1 L = 10 dL
			1	0	0		1 L = 100 cL
			1	0	0	0	1 L = 1000 mL

ATIVIDADES

1 Complete os espaços.

a) A unidade fundamental de medida de capacidade é o _____.

b) 1 litro equivale a _____ mL.

c) Nas medidas de capacidade, cada unidade vale _____ vezes mais que a unidade imediatamente anterior.

2 Faça conforme o modelo.

	kL	hL	daL	L	dL	cL	mL
25,38 L			2	5,	3	8	
a) 8,5 kL							
b) 1753 mL							
c) 2 284 L							

3 Escreva por extenso as medidas a seguir.

a) 945 daL _____

b) 13,21 dL _____

c) 72 hL _____

d) 4,1 cL _____

4 Ligue as colunas.

106 kL	0,106 kL	160 000 mL
10,6 daL	106 000 L	16 dL
0,016 hL	1,6 L	106 L
160 L	0,16 kL	1060 hL

Mudança de unidade

Transformação da unidade de medida maior para a menor

Para transformar uma unidade de medida maior em outra menor, devemos multiplicá-la por 10, 100 ou 1000 deslocando a vírgula **para a direita**.
Exemplos:

	kL	hL	daL	L	dL	cL	mL	
7 kL em L	7	0	0	0				7 × 1000 = 7 000
6,4 hL em L		6	4	0				6,4 × 100 = 640

Transformação da unidade de medida menor para a maior

Para transformar uma unidade de medida menor em outra maior, devemos dividi-la por 10, 100 ou 1000 deslocando a vírgula **para a esquerda**.
Exemplos:

	kL	hL	daL	L	dL	cL	mL	
5700 L em kL	5,	7	0	0				5700 ÷ 1000 = 5,700
7,3 L em hL		0,	0	7	3			7,3 ÷ 100 = 0,073

ATIVIDADES

1. Transforme em mililitro seguindo o modelo ao lado.

$$\frac{1}{4} \text{ de L} = \frac{1}{4} \text{ de 1000 mL} = 250 \text{ mL}$$

a) $\dfrac{3}{4}$ de L = _____ = _____

b) $\dfrac{1}{5}$ de L = _____ = _____

223

2 Marina fez um galão de 30 L de chá para receber seus clientes. Ela disponibilizou copos de 250 mL para que eles possam se servir. Quantos copos cheios de chá poderão ser servidos?

☐ Entre 10 e 50 copos.

☐ Entre 50 e 80 copos.

☐ Entre 80 e 100 copos.

☐ Entre 100 e 120 copos.

☐ Entre 130 e 150 copos.

3 Iguale as unidades e efetue as operações.

a) 570 dL + 14,5 L + 10,95 L =

_____

b) 0,450 L − 120,5 mL =

_____

c) 1000 L − 2 508 dL =

_____

d) 2 × 5,75 mL + 0,5 cL =

_____

e) 5× 1,5 L − 0,6 daL =

_____

4 Para medir a capacidade de um recipiente, podemos utilizar unidades de medida não padronizadas. Dê exemplos de unidades de medida não padronizadas de capacidade que você conhece.

Dica: Esse tipo de unidade de medida é utilizado principalmente em receitas culinárias.

_____

_____

5 Observe as embalagens ao lado. A garrafa pequena tem $\dfrac{1}{5}$ da capacidade do galão maior. Com base nessa informação, responda às perguntas a seguir.

a) Se a garrafa menor tiver capacidade de 500 ml, qual será a capacidade da garrafa maior?

_____

b) Se a capacidade do galão for de 5 litros, qual será a capacidade da garrafa menor?

_____

🔍 PESQUISANDO

1 Pesquise e escreva a medida de capacidade mais próxima dos itens a seguir.

a)

_____

b)

_____

c)

_____

d)

_____

e)

_____

f)

_____

1 Marcia comprou uma embalagem de sabonete líquido com 0,5 L. Ela já usou 0,2 L. Quanto ainda resta de sabonete líquido na embalagem?

_____

_____

2 Roberta viu que tinha $\dfrac{1}{4}$ de gasolina no tanque de seu carro. Se o tanque do carro dela tem capacidade de 60 L, quantos litros ela precisa colocar de gasolina para completar o tanque?

_____

3 Marcelo comprou duas bandejas com 6 iogurtes cada. Se cada iogurte tem 200 mL, quanto ele comprou de iogurte?

_____

4 Para fazer um aquecedor solar, uma empresa sustentável utiliza 120 garrafas PET de 2,5 L. Quantos litros de água podem ser armazenados nesse sistema?

_____

5 Eduardo coletou 20 L de água da chuva. Ela já usou $\dfrac{1}{5}$ dessa água para regar suas plantas. Quantos litros de água coletada restaram?

_____

Reaproveitando água em casa

Você já sabe da importância de evitar o desperdício de água, certo?

Isso vai ajudar a economizar na conta, além de cuidar desse recurso tão precioso e necessário para nossa vida!

Agora, veja abaixo algumas ações que você pode ter no dia a dia para contribuir.

- Colete água da chuva.
- Não jogue fora a água da máquina de lavar.
- Enquanto toma banho, coloque um balde próximo ao chuveiro e colete a água que respinga do chuveiro.
- Reutilize a água do preparo de alimentos para regar plantas.

Lembre-se de que a água reutilizada não é adequada para beber, mas você pode utilizá-la de diversas maneiras – por exemplo, para regar as plantinhas ou lavar o chão do banheiro, o quintal e a calçada.

Converse com os colegas sobre como coletar e reutilizar a água. Escreva aqui uma ideia de reutilização da água.

_____

_____

BRINCANDO

1 Leia as dicas e complete o diagrama.

1. Usado para fritar alimentos.
2. Combustível para automóveis.
3. Bebida extraída da vaca.
4. Bebida gaseificada.
5. Líquido extraído da laranja.

```
        1 [ ][L][ ][ ]
   2 [ ][ ][I][ ]
        3 [ ][T][ ]
      4 [ ][R][ ][ ][ ][ ][ ][ ]
      5 [ ][O][ ]
```

MEDIDA DE TEMPO

Horas, minutos e segundos

Já está na hora de ir para a escola.

Ok, então está combinado, a reunião será quarta-feira às 11 h.

Ilustrações: Henrique Jorge

O **relógio** é um instrumento de medida utilizado para medir o **tempo**. Ele indica as **horas**, os **minutos**, e alguns modelos indicam os **segundos**, que são unidades de medida usadas para medir o tempo.

Veja exemplos de relógios.

Dima Moroz/Shutterstock.com

Relógio analógico.

Korvit/Shutterstock.com

Relógio digital.

O **segundo** é a unidade fundamental de medida de tempo, e seu símbolo é **s**.

Observe as unidades de tempo maiores que o segundo:

Nome	Símbolo	Valor
minuto	min	60 segundos
hora	h	60 minutos

Diferentemente das unidades de medida estudadas neste ano, as medidas de tempo não são decimais, ou seja, não são organizadas em grupos de 10. Portanto, não usamos a vírgula para separar as horas, os minutos e os segundos.

Exemplos:

2 horas e 15 minutos = 2h15min

7 horas e 30 minutos = 7h30min

> Para representar horas em minutos e minutos em segundos, **multiplicamos o número por 60**.

Exemplos:

3 horas $\longrightarrow$ 3 × 60 = 180 $\longrightarrow$ 180min

5 minutos $\longrightarrow$ 5 × 60 = 300 $\longrightarrow$ 300s

> Para representar segundos em minutos e minutos em horas, **dividimos o número por 60**.

Exemplos:

240 minutos $\longrightarrow$ 240 × 60 = 4 $\longrightarrow$ 4h

600 segundos $\longrightarrow$ 600 × 60 = 10 $\longrightarrow$ 10min

Outras unidades de medida de tempo

- Semana: 7 dias.
- Quinzena: 15 dias.
- Mês (exceto fevereiro): 30 ou 31 dias.
- Ano: 365 dias (ou 366 quando o ano for bissexto).

Os meses de **abril**, **junho**, **setembro** e **novembro** têm **30 dias**. Já os meses de **janeiro**, **março**, **maio**, **julho**, **agosto**, **outubro** e **dezembro** têm **31 dias**.

Fevereiro tem **28 dias**, mas, a cada quatro anos, quando o ano é chamado de **bissexto**, tem **29 dias**.

No comércio, considera-se o mês com **30 dias** e o ano com **360 dias**.

bimestre = 2 meses ou 60 dias
trimestre = 3 meses ou 90 dias
semestre = 6 meses ou 180 dias
ano = 12 meses

biênio = 2 anos
triênio = 3 anos
quinquênio = 5 anos
década = 10 anos
século = 100 anos
milênio = 1000 anos

Observe:

- 15 minutos = $\dfrac{1}{4}$ de hora

- 15 dias = $\dfrac{1}{2}$ mês ou 1 quinzena

- 30 minutos = $\dfrac{1}{2}$ hora

- 3 meses = $\dfrac{1}{4}$ do ano

- 6 meses = $\dfrac{1}{2}$ ano

Marco Cortez

 SAIBA MAIS

Existem algumas regras para descobrir se um ano é ou não bissexto:

- Todo ano múltiplo de 4 é bissexto, exceto aqueles que são múltiplos de 100. Os únicos anos múltiplos de 100 bissextos são aqueles que também são múltiplos de 400.
- Exemplos de anos múltiplos de 4 que são bissextos: 1964, 1924, 2016, 2020 etc.
- Exemplos de anos múltiplos de 100 e de 400 que são bissextos: 1600, 2000, 2400 etc.
- Exemplos de anos múltiplos de 4 e de 100 que não são bissextos por não serem múltiplos de 400: 1300, 1400, 1500, 1700, 1900 etc.

1 Informe as horas que marcam os relógios abaixo.

_____   _____

2 Marque **V** para verdadeiro e **F** para falso. Reescreva as sentenças falsas como sentenças verdadeiras.

☐ A metade de uma hora tem 60 minutos.

_____

☐ Um quarto de hora é igual a 15 minutos.

_____

☐ Três quartos de hora são 40 minutos.

_____

3 Em uma partida de futebol, o tempo é dividido da seguinte maneira:

1º tempo	intervalo	2º tempo
45 minutos	15 minutos	45 minutos

a) Quanto tempo, em minutos, leva uma partida de futebol contando com o intervalo? _____

b) O tempo de 105 minutos é maior do que 1 hora? Se sim, quantos minutos a mais? Quantos minutos faltam para 2 horas?

_____

4 Observe a idade das crianças e responda as perguntas abaixo.

Felipe
5 anos

Alan
8 anos

Raquel
9 anos

Lila
10 anos

Fabi
11 anos

a) Qual das crianças tem exatamente uma década de vida? _____

b) Quantos semestres completos de vida tem Fabi? _____

c) Qual criança tem apenas 48 bimestres de vida? _____

d) Quantos trimestres de vida tem Raquel? _____

e) Qual criança tem apenas meia década de vida? _____

5 Complete as frases a seguir sobre você.

Eu tenho _____ anos. Então, tenho:

a) _____ semestres completos de vida.

b) _____ trimestres completos de vida.

6 Transforme as unidades abaixo em minutos.

a) 7 horas e 25 minutos: _____

b) 3 horas e 40 minutos: _____

7 Transforme as unidades abaixo em segundos.

a) 8 minutos e 30 segundos: _____

b) 1 hora e 15 minutos: _____

8 Escreva as horas que estão marcadas nos relógios.

a)

b)

_____

_____

9 Represente nos relógios o horário indicado.

9h45min

3h10min

10 Complete:

a) Um século tem _____ décadas.

b) Em 300 minutos há _____ horas.

c) Em 3 anos há _____ meses.

d) _____ é o último mês do ano.

e) Um ano tem _____ bimestres.

PROBLEMAS

1 Uma lanchonete vende 40 porções de açaí por dia. Calcule quantas porções de açaí a loja venderá em um trimestre.

_____

2 Se Marcos trabalha 8 horas por dia e digita 2350 palavras por hora, quantas palavras ele digita em 5 dias de trabalho?

_____

3 Marta começou a colocar 1 moeda de 1 real em seu cofrinho todos os dias. Quantos reais ela terá em um semestre?

_____

4 O gasto diário com farinha de trigo na padaria Belo Pão é de 18 quilos. Sabendo-se que um saco de farinha tem 12 quilos, quantos sacos serão necessários para um mês inteiro?

_____

5 Ivan tem um salário de R$ 3780,00 por mês. Quanto ele ganha em:

a) 15 dias de trabalho?

_____

b) um trimestre de trabalho?

_____

c) um ano de trabalho?

_____

6 Mônica quer um carro que custa R$ 74 000,00. Ela já possui R$ 50 000,00 em sua poupança e pretende parcelar o restante em 2 anos. Qual será o valor de cada parcela considerando que não haverá juros?

_____

7 Lilian gasta R$ 19,00 de estacionamento por dia. Quanto ela gastará em 3 meses com estacionamento?

_____

8 Laila ganha R$ 240,00 por dia de trabalho no escritório. Quanto ela ganha em um mês em que ela trabalha apenas 22 dias?

_____

9 Ricardo quer saber quanto ele gasta de aluguel durante 1 ano. Ele paga R$ 1 650,00 por mês. Quanto ele gasta por ano com o aluguel?

_____

10 Ricardo vai precisar tomar uma medicação de 6 em 6 horas. Quantas vezes por dia ele tomará esse remédio?

_____

PESQUISANDO

1 Junte-se a três colegas da turma para formar um grupo de pesquisa sobre curiosidades científicas relacionadas ao relógio conforme os itens a seguir.

a) Segundo sua pesquisa, que tipos de relógio existem?

_____

_____

b) Quem inventou o relógio de pulso?

_____

_____

_____

_____

_____

c) Explique como funciona um relógio de sol.

_____

_____

_____

_____

Durante a pesquisa, anotem outras perguntas ou curiosidades relacionadas ao relógio. Feito isso, mostrem o resultado para o professor e o restante da turma.

Mikhail Leonov/Shutterstock.com

1 "Jogo da velha das horas"! Cada aluno da dupla que jogará deve construir um tabuleiro de "jogo da velha" com relógios analógicos marcando diferentes horas, um em cada célula, como mostra o exemplo a seguir:

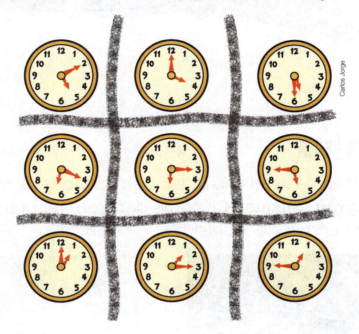

Carlos Jorge

Instruções

1. A dupla deve escolher um dos tabuleiros para iniciar o jogo.
2. No par ou ímpar, as duplas escolhem "X" ou "O" e decidem quem começa.
3. Cada jogador, na sua vez, escolhe o lugar para marcar o "X" ou "O". Antes de marcar no tabuleiro, o jogador deve ler a hora marcada no lugar escolhido. Se acertar, marca normalmente; se errar, o adversário escolhe o lugar.
4. O jogador que conseguir marcar uma linha, coluna ou diagonal primeiro ganha o jogo.
5. Troque de tabuleiro para jogar novamente.

2 Forme um grupo com três ou quatro colegas e, juntos, façam uma disputa para ver quem fala mais rapidamente o trava-língua a seguir. Se possível, usem um cronômetro para marcar o tempo.

O tempo perguntou ao tempo quanto tempo o tempo tem.
O tempo respondeu ao tempo que não tinha tempo de ver quanto tempo o tempo tem.

Trava-língua.

O grau Celsius

A unidade de medida usada no Brasil e em muitos outros países para medir a temperatura é o **grau Celsius (°C)**, nome dado em reconhecimento ao trabalho do astrônomo sueco Anders Celsius.

Termômetro de rua.

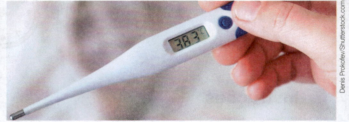

Termômetro corporal digital.

Termômetro corporal à distância.

Termômetro de cozinha.

Termômetro é o nome do instrumento usado para medir a temperatura.

Como você pode observar nas imagens acima, existem vários tipos de termômetro: termômetro de rua; termômetro para medir a temperatura do nosso corpo; termômetro de cozinha, para medir a temperatura dos alimentos durante o preparo. Esses são apenas alguns exemplos.

ATIVIDADES

1 Marina fez um gráfico com base em informações que obteve em um *site* de meteorologia. Observe:

Previsão de temperatura diária – 18/4/2020
Porto Alegre, Rio Grande do Sul. Período: 6h até 22h

Fonte: Previsão do tempo agora em Porto Alegre. *In*: CLIMATEMPO. São Paulo: Climatempo, 2020. Disponível em: https://www.climatempo.com.br/previsao-do-tempo/fim-de-semana/cidade/363/portoalegre-rs. Acesso em: 15 abr. 2020.

Com base nos dados apresentados no gráfico feito por Marina, complete as frases a seguir.

a) A temperatura mais baixa está prevista para as _____ horas e será de _____.

b) A temperatura máxima prevista para esse dia será de _____. Essa temperatura se manterá entre _____h e _____h.

c) A diferença entre a menor e a maior temperatura registrada nesse intervalo do dia é de _____.

239

2 Observe a temperatura indicada em cada termômetro e escreva-a por extenso. Veja o exemplo:

Ilustrações: Marco Cortez

> Trinta e seis graus e seis décimos de um grau Celsius.

_____

_____

_____

_____

3 A temperatura do corpo humano considerada ideal varia entre 36 °C e 36,7 °C.

Os infectologistas estabelecem os seguintes limites para caracterizar a febre:
- Febrícula: De 37,3 °C a 37,8 °C;
- Febre: Acima de 37,8 °C;
- Febre alta: Considera-se, em geral, a partir de 39 °C.

Febre. *In*: DRAUZIO. São Paulo, [202-?]. Disponível em: https://drauziovarella.uol.com.br/doencas-e-sintomas/febre/. Acesso em: 15 abr. 2020.

a) Observe a seguir a temperatura das seis primeiras pessoas que foram ao posto de saúde da cidade, na manhã de segunda-feira, e pinte de **azul** o quadradinho das pessoas que estão com a temperatura normal, de **amarelo** o das pessoas que apresentam febrícula e de **vermelho** o daquelas que têm febre.

☐ Lucas ⟶ 36,5 °C   ☐ Manoel ⟶ 37,5 °C

☐ Maria ⟶ 37,7 °C   ☐ Viviane ⟶ 38 °C

☐ Lizandra ⟶ 37,9 °C   ☐ José ⟶ 36,3 °C

b) A pessoa que apresentou a maior temperatura foi medicada e após algum tempo a temperatura caiu para 36 °C. Quanto variou a temperatura dela nesse período?

_____

c) Você já esteve com temperatura acima de 37,3 °C? Como confirmou essa informação?

_____

4 Antônio pesquisou a temperatura mínima e máxima de cinco capitais, uma de cada região do país, e as registrou na tabela a seguir.

Temperatura mínima e temperatura máxima em 15/4/2020			
Local	Temperatura mínima	Temperatura máxima	Variação
Rio Branco (AC)	23 °C	30 °C	7 °C
Teresina (PI)	24 °C	31 °C	
Goiânia (GO)	17 °C	26 °C	
Vitória (ES)	20 °C	30 °C	
Florianópolis (SC)	14 °C	24 °C	

Fonte: Previsão por capital. *In*: INMET. Brasília, DF: Inmet, 2020. Disponível em: http://www.inmet.gov.br/portal/index.php?r=tempo2/previsaoPorTipo2&type=capitais. Acesso em: 15 abr. 2020.

a) Complete a tabela acima indicando a variação de temperatura das cidades de Teresina, Goiânia, Vitória e Florianópolis.

b) Que cidade registrou a temperatura mais alta nesse dia? Qual foi a temperatura registrada? _____

c) Qual foi a menor temperatura registrada? Que cidade registrou essa temperatura? _____

d) A que regiões do Brasil pertencem as capitais que tiveram a menor variação de temperatura? Qual foi essa variação?

_____

5 Lucia preparou uma sopa de legumes para servir a seu bebê de 7 meses. Depois de algum tempo, ela verificou, usando o termômetro de cozinha, que a temperatura da sopa estava em 48 °C. Segundo orientações do pediatra, a temperatura máxima em que a sopa deve ser servida para não queimar a boca do bebê é 35 °C. Quantos graus a sopa deverá resfriar até poder ser oferecida ao bebê?

goodluz/Shutterstock.com

1 Leia o trecho da matéria a seguir:

As mudanças climáticas devem causar grandes transformações em todo o mundo: o nível do mar vai subir, a produção de alimentos pode cair e algumas espécies talvez sejam extintas.

A Organização das Nações Unidas (ONU) alertou que o mundo precisa limitar o aumento da temperatura média global a menos de 1,5 °C em relação aos níveis pré--industriais.

Mas, de acordo com os cientistas, cumprir a meta de 1,5 °C exige "mudanças rápidas, de longo alcance e sem precedentes" em todos os aspectos da sociedade.

[...]

Fonte: Aquecimento global: 7 gráficos que mostram em que ponto estamos. *BBC News Brasil*, São Paulo, 17 jan. 2020. Disponível em: https://www.bbc.com/portuguese/geral-46424720. Acesso em: 15 abr. 2020.

O gráfico ao lado mostra os países que mais emitem dióxido de carbono. O dióxido de carbono é um dos gases responsáveis pelo efeito estufa e o encontrado em maior quantidade. Ele é emitido por meio de várias atividades humanas, como o uso de petróleo, carvão, gás natural, mudanças no uso da terra, entre outras.

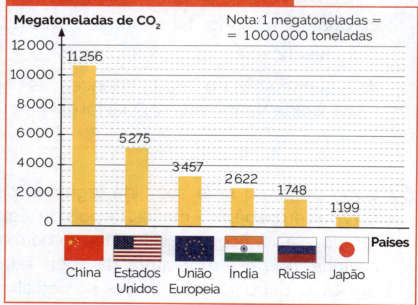

Os 6 maiores emissores de dióxido de carbono do mundo

Nota: 1 megatoneladas = = 1 000 000 toneladas

Megatoneladas de CO_2

China: 11 256
Estados Unidos: 5 275
União Europeia: 3 457
Índia: 2 622
Rússia: 1 748
Japão: 1 199

Países

Fonte: EUROPEAN COMISSION. *Edgar: Emissions Database for Global Atmospheric Research*. [Bruxelas]: European Comission, 2020. Disponível em: https://edgar.jrc.ec.europa.eu/. Acesso em: 27 jan. 2020.

Converse com os colegas sobre o aquecimento global e o efeito estufa e, juntos, discutam que atitudes podemos tomar para minimizar esse problema. Depois, analise o gráfico e redija um texto no caderno com a síntese de sua análise.

PESQUISANDO

1 Faça uma pesquisa sobre a previsão do tempo do município onde você mora para os próximos 7 dias e registre os dados na tabela a seguir. Não se esqueça de completar as informações no título da tabela e indicar a fonte que usou para obter os dados.

Título: Temperaturas máximas e mínimas							
Local: _____							
Período: _____ / _____ / _____ até _____ / _____ / _____							
Data							
Temperatura mínima							
Temperatura máxima							

Fonte: _____

Agora, elabore um gráfico de colunas agrupadas para representar as informações que você registrou na tabela acima.

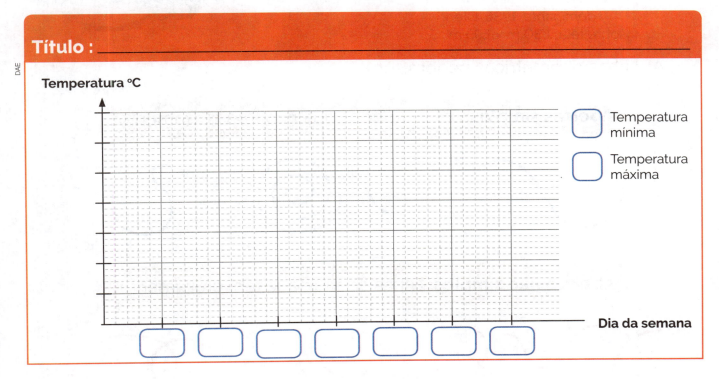

Fonte: _____

UNIDADE 19

GEOMETRIA

Linhas

Observe que no quadro ao lado podemos identificar várias linhas.

Wassily Kandinsky. *Curva dominante*, 1936. Óleo sobre tela, 1,30 m × 1,95 m.

Solomon R. Guggenheim Museum, Nova York

As linhas geométricas podem ser:

Abertas simples: linhas abertas que não têm cruzamento.

Ilustrações: DAE

Abertas não simples: linhas abertas que têm cruzamento.

Fechadas simples: linhas fechadas que não têm cruzamento.

Fechadas não simples: linhas fechadas que têm cruzamento.

Nas curvas fechadas, podemos identificar:

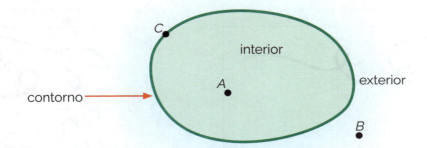

O ponto *A* está no interior da figura, o ponto *B* está em seu exterior e o ponto *C* pertence à linha.

1 Faça um desenho usando curvas abertas e fechadas, simples e não simples.

1 Determine os tipos de linhas a seguir.

a)
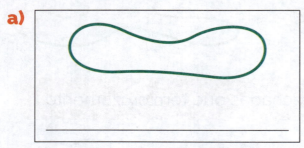
_____

d)
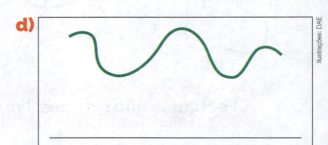
_____

b)
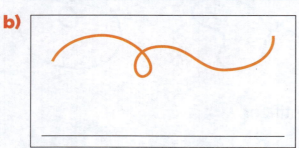
_____

e)
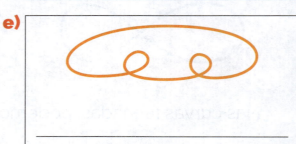
_____

c)

_____

f)
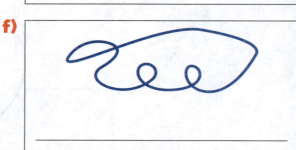
_____

Ilustrações: DAE

2 Observe a figura abaixo e responda às questões:

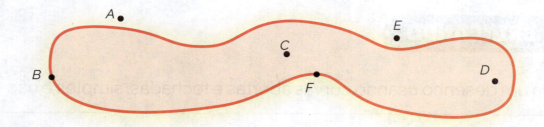

a) Quais pontos estão na região exterior? E na interior?

Exterior: _____; interior: _____.

b) Quais pontos pertencem à linha?

_____

Retas e segmentos de reta

Observe que as faixas contínuas desta estrada dão uma ideia de **reta**.

A reta é ilimitada nos dois sentidos e tem infinitos pontos.

As retas são indicadas por letras minúsculas, e os pontos por letras maiúsculas.

As setas nas extremidades da reta são usadas para indicar que, como a reta é infinita, não há um ponto de partida nem um ponto de chegada.

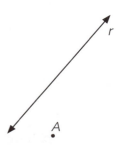

Segmento de reta é a parte de uma reta limitada por dois pontos.

Um segmento de reta é representado assim:

C   D

$\overline{CD}$ é a notação matemática para o segmento de reta cujas extremidades são os pontos C e D.

Observe no mapa ao lado que, para representar a distância entre duas cidades, foi utilizado um segmento de reta.

Brasil: Região Sudeste

Fonte: IBGE. *Atlas geográfico escolar*. 7. ed. Rio de Janeiro: IBGE, 2016. p. 90.

Quando os segmentos de reta têm a mesma medida, mesmo em posições diferentes, são chamados de segmentos de reta congruentes.

Observe:

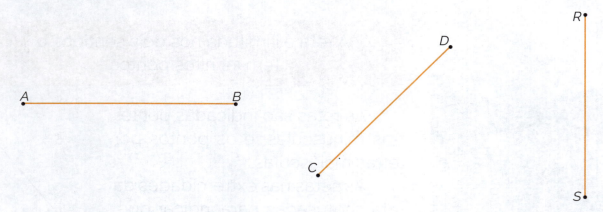

Os segmentos de reta *AB*, *CD* e *RS* têm a mesma medida, mesmo em posições diferentes. Portanto, são **segmentos de reta congruentes**.

1 Pegue uma régua e trace os segmentos de reta com os comprimentos indicados.

a) *AB* = 5 cm

b) *BC* = 7 cm

2 Informe quantos segmentos de reta há nestas figuras:

a)

b)
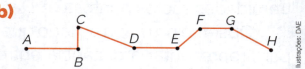

_____   _____

3 Ligue os pontos e encontre segmentos de reta. Utilize uma régua.

a)

b)
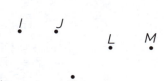

Retas concorrentes e retas paralelas

Duas ou mais retas podem ser **concorrentes** ou **paralelas**.

- **Concorrentes** – quando as retas se cruzam, isto é, apresentam um único ponto comum.

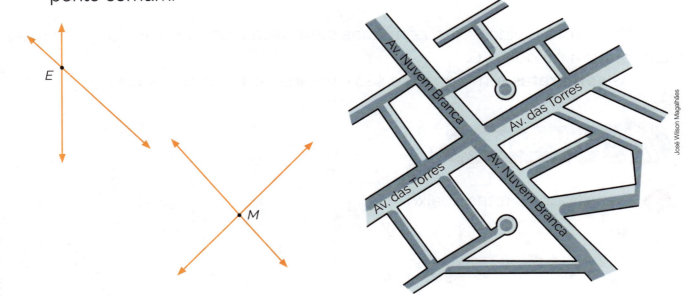

No mapa, a Avenida das Torres e a Avenida Nuvem Branca dão uma ideia de retas concorrentes.

- **Paralelas** – quando não se cruzam, isto é, não apresentam um ponto comum. Essas retas mantêm sempre a mesma distância entre si.

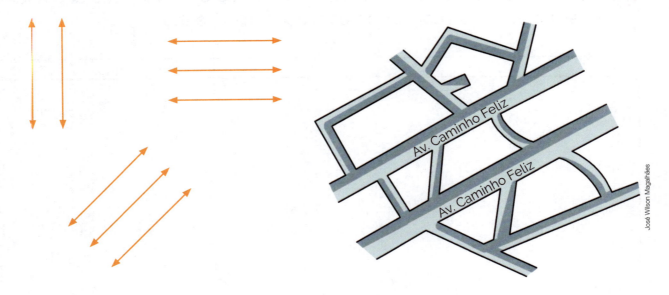

No mapa, a Avenida Caminho Feliz e a Avenida Bosque dos Pinheiros dão uma ideia de retas paralelas.

Semirreta

Observe a reta *r* abaixo:

semirreta · semirreta

O ponto *C* divide a reta *r* em duas **semirretas**; portanto as duas semirretas têm origem no ponto *C*.

As **semirretas** têm origem e são ilimitadas em um só sentido.

ATIVIDADES

1 Classifique as retas abaixo.

a)

b)

c)

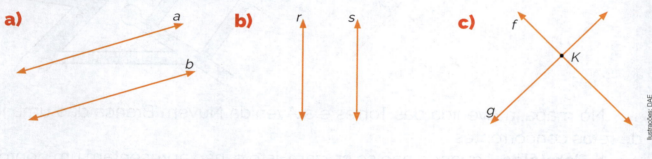

_____   _____   _____

2 Os trilhos de um único trem, deslocando-se em linha reta, dão a ideia de retas paralelas ou concorrentes? Faça um desenho.

_____

3 Escreva seu nome utilizando apenas segmentos de reta.

_____

4 Verifique as afirmações e classifique-as em verdadeira (**V**) ou falsa (**F**).

☐ Um segmento de reta é limitado por dois pontos.

☐ Uma semirreta tem duas origens.

☐ Duas retas paralelas mantêm sempre a mesma distância entre si.

☐ As semirretas são ilimitadas em um só sentido.

☐ Duas retas concorrentes podem ter dois pontos em comum.

5 Observe o mapa abaixo, siga as orientações e complete-o com os nomes das ruas.

- A rua paralela à direita da Rua da Lua é a Rua das Estrelas.
- A rua paralela à esquerda da Rua da Lua é a Rua do Sol.
- A rua concorrente à Rua da Lua é a Rua dos Meteoros.

> Quando uma reta é concorrente a duas ou mais retas paralelas, também podemos dizer que essa reta é **transversal** às retas paralelas.

6 Observe a figura e responda:

a) Quais são as ruas paralelas?

_____

_____

b) Quais são as ruas concorrentes?

_____

_____

Ângulos

As aberturas formadas tanto pelas hastes do leque como pelos ponteiros do relógio formam ângulos. Nesses dois casos, podemos representar as hastes e os ponteiros por semirretas de mesma origem.

Observe a representação de um ângulo:

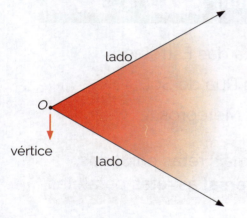

> **Ângulo** é uma região limitada por duas semirretas de mesma origem.

As duas semirretas são chamadas de **lados** do ângulo, e o ponto de origem dessas semirretas é denominado **vértice**.

Para medir um ângulo, usamos um instrumento chamado **transferidor**, cuja unidade de medida é o grau. O simbolo é °.

Coloca-se o centro do transferidor sobre o vértice do ângulo, de modo que a graduação zero coincida com o primeiro lado.

De acordo com suas medidas, os ângulos são classificados em **retos**, **agudos** e **obtusos**.

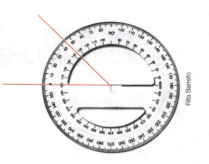

Ângulo reto é o que mede exatamente 90 graus (90°).

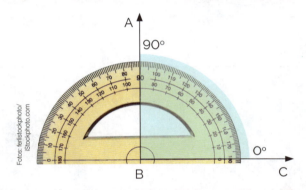

Ângulo agudo é o que mede menos de 90°, ou seja, é menor que o ângulo reto.

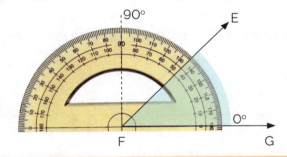

Ângulo obtuso é o que tem medida maior que 90° e menor que 180°.

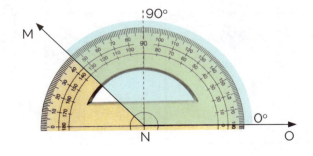

1 Observe as medidas dos ângulos e classifique-os em **ângulo reto**, **agudo** ou **obtuso**.

a)

Ilustrações: Jorge Zaiba

_____

c)

_____

b)

_____

d)

_____

2 Usando um transferidor, desenhe os ângulos a seguir e classifique-os em agudo ou obtuso.

a) 100°

b) 30°

Polígonos

Na fotografia ao lado podemos identificar figuras que lembram os **polígonos**.

Mosaico com vidros coloridos.

Polígono é uma figura geométrica plana, fechada e simples, formada por segmentos de reta.

Cada segmento de reta determina um **lado** do polígono, e os pontos de encontro de dois lados consecutivos determinam os **vértices** do polígono.

No polígono ao lado, um lado está destacado em preto e um vértice está destacado em vermelho.

Ilustrações: DAE

1 Escreva o número de lados e de vértices de cada polígono a seguir.

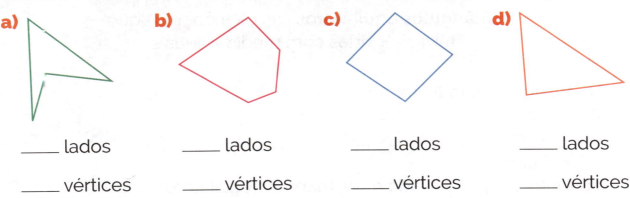

a)

_____ lados

_____ vértices

b)

_____ lados

_____ vértices

c)

_____ lados

_____ vértices

d)

_____ lados

_____ vértices

2 Pinte apenas as figuras que são polígonos.

Nome dos polígonos

Conforme o número de lados, os polígonos recebem nomes diferentes. Observe alguns:

triângulo
3 lados

quadrilátero
4 lados

pentágono
5 lados

hexágono
6 lados

Ilustrações: DAE

Triângulos

Os triângulos têm **3 lados**, **3 ângulos** e **3 vértices**.

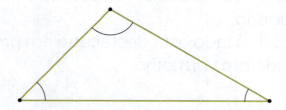

Quanto às medidas dos lados, os triângulos podem ser: **equiláteros**, **isósceles** ou **escalenos**.

> **Triângulos equiláteros** são os triângulos que têm os 3 lados com medidas iguais.

No triângulo ao lado, temos:
$AB = 3$ cm
$BC = 3$ cm
$AC = 3$ cm
Portanto, a figura ao lado é um triângulo equilátero.

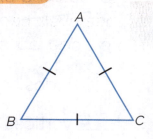

> **Triângulos isósceles** são os triângulos que têm 2 lados com medidas iguais.

No triângulo ao lado, temos:

$DE = 3$ cm

$EF = 2$ cm

$FD = 3$ cm

Logo, a figura ao lado é um triângulo isósceles.

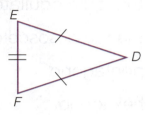

> **Triângulos escalenos** são os triângulos que têm os 3 lados com medidas diferentes.

No triângulo ao lado, temos:

$GH = 2$ cm

$HI = 3,5$ cm

$IG = 5$ cm

Assim, a figura ao lado é um triângulo escaleno.

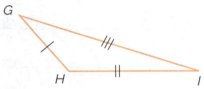

 ATIVIDADES

1 Pinte a região interna dos polígonos e escreva o nome e o número de vértices de cada um deles.

a)

_____

c)

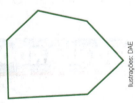

_____

b)

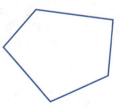

_____

d)

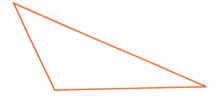

_____

2 Complete os quadrinhos da segunda coluna com a letra correspondente.

a) O triângulo escaleno ☐ tem 2 lados com medidas iguais.

b) O triângulo equilátero ☐ tem 4 lados.

c) O triângulo isósceles ☐ tem 6 lados.

d) O pentágono ☐ tem 3 lados com medidas diferentes.

e) O hexágono ☐ tem 3 lados com medidas iguais.

f) O quadrilátero ☐ tem 5 lados.

3 Meça com a régua os lados dos triângulos e classifique-os.

a) AB = _____ centímetros

BC = _____ centímetros

AC = _____ centímetros

É um triângulo _____.

b) AB = _____ centímetros

BC = _____ centímetros

AC = _____ centímetros

É um triângulo _____.

Ilustrações: DAE

BRINCANDO

1 Com sua imaginação, faça um desenho usando apenas triângulos.

Quadriláteros

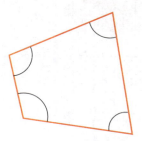 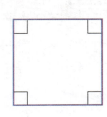 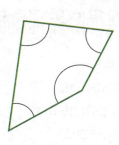 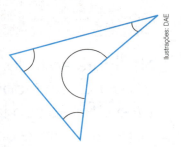

Ilustrações: DAE

Os quadriláteros têm **4 lados, 4 vértices** e **4 ângulos**.
Os que têm os lados opostos paralelos são chamados de **paralelogramos**.

$\overline{AB}$ e $\overline{CD}$ são lados opostos e paralelos.
$\overline{AD}$ e $\overline{BC}$ são lados opostos e paralelos.
Em todo paralelogramo, os lados opostos têm a mesma medida.

Algumas figuras, por causa de suas características, são classificadas como **paralelogramos**. Observe as figuras a seguir:

O **retângulo** tem os lados opostos com medidas iguais e 4 ângulos retos.

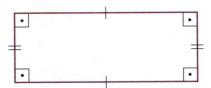

O **losango** tem os 4 lados com medidas iguais.

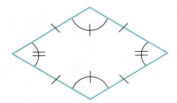

O **quadrado** tem os 4 lados com medidas iguais e 4 ângulos retos.

Os quadriláteros que têm somente 1 par de lados paralelos são chamados **trapézios**.

Na figura ao lado, temos:
$\overline{EH}$ e $\overline{FG}$ são lados paralelos
$\overline{EF}$ e $\overline{GH}$ não são lados paralelos
Logo, a figura é um trapézio.

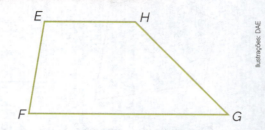

Ilustrações: DAE

1 Ligue cada quadrilátero a seu nome.

retângulo

trapézio

paralelogramo

quadrado

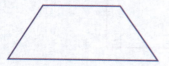

losango

Vamos fazer um "jogo de memória de polígonos"?

Material:

- cartolina ou papel-cartão;
- régua;
- tesoura com ponta arredondada;
- tinta guache;
- pincel fino.

Como fazer

1. Divida a cartolina em 10 partes de tamanhos iguais.

2. Dobre cada uma dessas partes ao meio.

3. Desenhe com a régua um polígono em um dos lados de dentro das partes.

4. Molhe o pincel na tinta guache e pinte o polígono traçado com a régua.

5. Ainda com a tinta molhada, dobre a carta para que o polígono seja reproduzido no outro lado.

6. Faça isso para as 10 partes.

7. Com a tesoura, corte as 10 cartas ao meio na marca da dobra.

8. Você agora terá 10 pares de polígonos para brincar de "jogo de memória de polígonos".

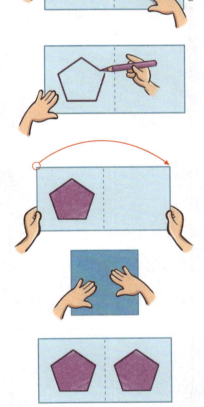

Ilustrações: Brambilla

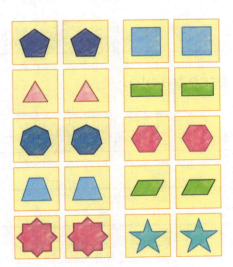

Convide um colega e brinque!
Ganha quem localizar mais pares.

1 Pesquise em *sites* o mapa do seu bairro ou cidade. Localize sua casa e a escola em que você estuda. Imprima essa parte do mapa e cole-a no espaço a seguir. Com um lápis vermelho, trace um possível caminho para ir de sua casa até a escola.

Agora, descreva com suas palavras esse trajeto.

_____

_____

_____

_____

_____

Perímetro de um polígono

As crianças estão preparando a festa de fim de ano e, para isso, vão pendurar alguns enfeites usando um barbante que vai contornar todo o pátio da escola.

Renato pegou as medidas do pátio com a coordenadora para calcular o perímetro e assim saber quanto de barbante eles irão utilizar.

> **Perímetro** é a medida do contorno de uma figura.

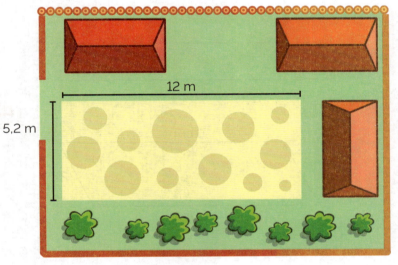

Para determinarmos a medida de barbante que irão utilizar para contornar o pátio, devemos somar a medida dos lados dele:

12 + 5,2 + 12 + 5,2 = 34,4 m

Logo o perímetro do pátio, seu contorno, é 34,4 m; portanto, as crianças precisarão de 34,4 metros de barbante para pendurar os enfeites.

Veja agora outros exemplos:

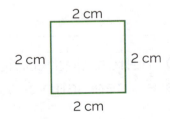

2 + 2 + 2 + 2 = 8
perímetro = 8 cm

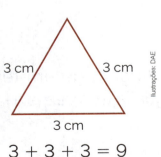

3 + 3 + 3 = 9
perímetro = 9 cm

ATIVIDADES

1 Calcule o perímetro destas figuras:

a)

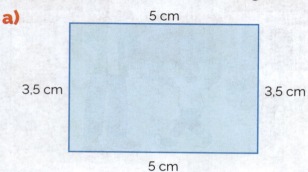

5 cm

3,5 cm   3,5 cm

5 cm

_____

_____

c)

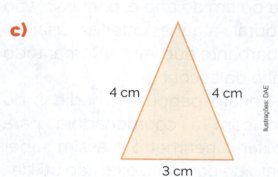

4 cm   4 cm

3 cm

_____

_____

b)

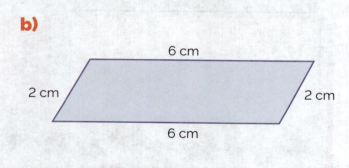

6 cm

2 cm   2 cm

6 cm

_____

_____

d)

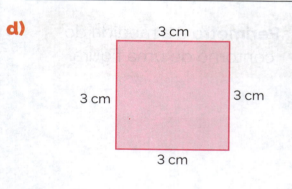

3 cm

3 cm   3 cm

3 cm

_____

_____

2 Responda às questões.

a) Qual é o perímetro de uma sala quadrada com 15 metros de lado?

_____

b) A largura de um terreno retangular é 30 metros. Seu comprimento é igual a três vezes a medida da largura. Qual é o perímetro desse terreno?

_____

Área de um polígono

A **área** de um polígono é a **medida** de sua **superfície**.

As principais unidades de medida de área são **m²** (lê-se: metro quadrado) e **cm²** (lê-se: centímetro quadrado).

Observe:

Essa horta tem o formato de um retângulo com 3 m de comprimento por 2 m de largura.

Para calcular a área dela, podemos representá-la assim:

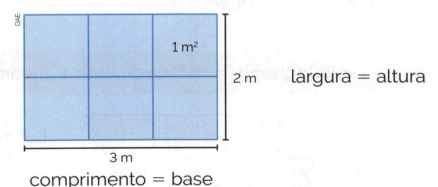

Dividindo a superfície total em quadrados de 1 m de lado, obtemos 6 quadrados de 1 m² de área, ou seja, 6 m².

Área da horta:

$A = 3 \times 2 = 6$

A área da horta é de 6 m².

Assim, temos:

Área do retângulo = medida da base × medida da altura

Quadrado

Como o quadrado é uma figura que tem lados de medidas iguais, sua área é calculada multiplicando-se a medida de um lado por ela mesma. Então, temos:

Área do quadrado = medida do lado × medida do lado

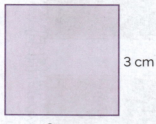

3 cm

3 cm

Exemplo:
A = 3 × 3 = 9
A = 9 cm²

Paralelogramo

O cálculo da área do paralelogramo é igual ao da área do retângulo.

Área do paralelogramo = medida da base × medida da altura

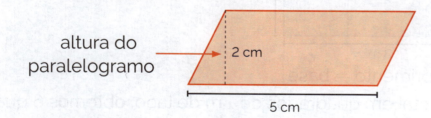

altura do paralelogramo

2 cm

5 cm

Exemplo:
A = 5 × 2 = 10
A = 10 cm²

Triângulo

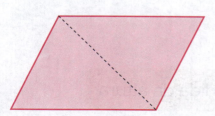

Antes de aprender a calcular a área de um triângulo, observe o paralelogramo ao lado: cortando na linha pontilhada, obtivemos dois triângulos.
Dessa forma, podemos observar que a área do triângulo é a metade da área do paralelogramo.

Então, temos:

$$\text{Área do triângulo} = \frac{\text{medida de base} \times \text{medida de altura}}{2}$$

Exemplo:
Calcule a área deste triângulo.

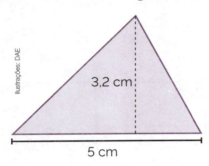

$$A = \frac{5 \times 3{,}2}{2} = \frac{16}{2} = 8$$

$$A = 8 \text{ cm}^2$$

1 Calcule a área das figuras abaixo.

a)

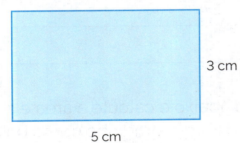

3 cm

5 cm

_____

c)

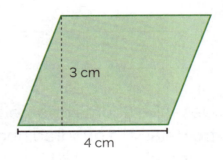

3 cm

4 cm

_____

b)

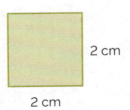

2 cm

2 cm

_____

d)

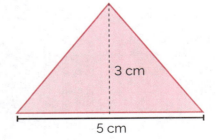

3 cm

5 cm

_____

2 Cléber vai comprar um terreno e está em dúvida. O corretor apresentou a ele dois terrenos que têm o mesmo perímetro. Um deles tem o formato de um quadrado com lado igual a 30 m, e o outro tem formato retangular de 20 m de largura por 40 m de comprimento.

a) Determine o perímetro dos terrenos.

_____

b) Calcule a área de cada terreno.

_____

c) Levando em conta só a área de cada terreno, qual é o mais vantajoso?

_____

_____

3 Desenhe figuras geométricas na malha abaixo e calcule a área e o perímetro delas em quadradinhos (considerando o quadradinho como unidade de medida).

Malha quadriculada

Simetria

Observe como Doralice faz uma estrela:

Doralice obteve uma estrela **simétrica**, pois, ao dobrá-la ao meio, as duas partes se sobrepõem.

A linha da dobra pode ser chamada de **eixo de simetria**.

Veja na figura abaixo o eixo de simetria destacado.

eixo de simetria

1 Marque um **X** nas figuras que são simétricas e, com uma régua, trace o eixo de simetria delas.

a)

c)

e)

b)

d)

f)

Ilustrações: Brambilla

![ícone digital] **SE LIGA NO DIGITAL**

Casa simétrica

1 Vamos completar o desenho da casa? Faça a atividade disponível no *link*:

https://www.geogebra.org/m/Zp8mBxbQ (acesso em: 17 abr. 2020).

Na atividade, com o cursor do *mouse*, você terá de mover todos os pontos ⬡ que estão na metade do desenho, para completar a casa simétrica. Observe o eixo de simetria tracejado. Se necessário, mova mais de uma vez o mesmo ponto, para que os traços fiquem bem definidos. Caso erre o traço, clique no botão ↺ para reiniciar o desenho.

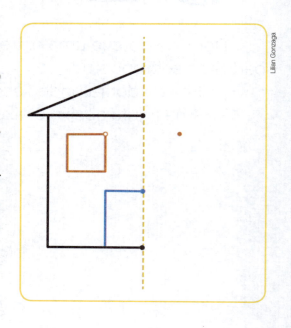

Lilian Gonzaga

A simetria não está presente somente na Matemática. Ela pode ser observada em diversos seres da natureza.

Veja alguns exemplos:

PESQUISANDO

1. Em um jardim ou praça, procure uma planta ou flor que apresente simetria, fotografe-a, imprima a imagem e cole-a a seguir. Pesquise o nome da planta fotografada e escreva-o abaixo dela.

Quero muito ganhar um livro!

Lilian Gonzaga

Probabilidade

Na festa junina da escola de Lucas há várias barracas de jogos. Em uma delas, o participante solta uma bolinha em um orifício e ela, após bater em alguns obstáculos, chega a uma das posições do tabuleiro. De acordo com o número indicado na posição em que a bolinha se encontra, o jogador recebe o prêmio. Chegou a vez de Lucas jogar.

Que chance Lucas tem de ganhar o livro?

Como no tabuleiro há 11 posições e apenas duas com o número 3, ele tem 2 chances em 11 de ganhar o livro.

Da mesma forma, tem 3 chances em 11 de ganhar uma caixa de lápis e 6 chances em 11 de ganhar uma caneta.

Podemos então concluir que Lucas tem mais chance de ganhar uma caneta do que de ganhar um livro.

> **Probabilidade** indica a chance que se tem de obter determinado resultado quando se depende de sorte ou de uma escolha ao acaso.

Podemos, então, dizer que a probabilidade de ganhar
- o livro é de 2 em 11;
- a caixa de lápis é de 3 em 11;
- a caneta é de 6 em 11.

ATIVIDADES

1 Na aula de Matemática, os alunos do 4º ano jogarão "memória das operações". Nesse jogo, as cartas azuis indicam as operações matemáticas e as cartas amarelas indicam os resultados das operações. Observe a disposição das cartas no início do jogo.

$45 \div 9$	$36 \div 9$	2×5	$2 + 3$
$5 + 5$	$35 - 29$	$18 - 14$	$7 + 3$
$0 + 4$	$78 - 68$	$1 + 2$	$22 - 12$
$50 \div 10$	$12 \div 4$	1×5	4×1

5	4	10	5
10	6	4	10
4	10	3	10
5	3	5	4

a) Qual é o resultado que tem mais chance de ser escolhido como resposta das operações do jogo? Qual é essa probabilidade?

_____

b) Na primeira jogada, Luciana tirou a operação a seguir.

$$18 - 14$$

Qual é a probabilidade de ela virar a carta com o resultado correto?

_____

c) No jogo, quem acerta o resultado da operação retira o par de cartas. Veja a disposição das cartas após algumas jogadas.

Agora, com base na posição das cartas que restaram, risque no quadro do início da página anterior os resultados que já foram retirados do jogo.

d) Com base nessa disposição do jogo, que resultado tem maior chance de ser escolhido? Qual é essa probabilidade?

_____

e) Que resultados têm a mesma chance de serem escolhidos?

_____

2 Em um dado, cada face representa um número entre 1 e 6.

a) Ao jogar o dado, que número tem mais chance de sair na face voltada para cima? Qual é essa probabilidade?

_____

b) Há possibilidade de sair o número 7? Justifique sua resposta.

_____

3 Ao girar a roleta ao lado, em que cor ela tem mais chance de parar?

_____

4 A professora do 1º ano propôs várias atividades e brincadeiras usando uma caixa de letras coloridas, para auxiliar na alfabetização dos alunos.

Na caixa há:

- 5 letras na cor lilás;
- 10 letras vermelhas;
- 12 letras amarelas;
- 8 letras verdes.

a) Se um aluno tirar ao acaso uma letra da caixa, há mais chance de a letra retirada ser de que cor? _____

b) Qual é a probabilidade de se retirar uma letra na cor verde?

_____

BRINCANDO

1 Junte-se a um colega para jogar dados!

Material:
- 2 dados convencionais de 1 a 6.

Cada jogador, na sua vez, joga os dois dados, adiciona os valores obtidos e anota o resultado no quadro a seguir.

Nome	Rodada										Total
	1	2	3	4	5	6	7	8	9	10	

Ao final de 10 rodadas, calcula-se o total de pontos de cada jogador adicionando-se os valores obtidos em cada rodada. Vence quem tiver a maior pontuação.

Agora observe, na tabela ao lado, os possíveis resultados da soma de dois dados.

Ao jogar os dois dados:

a) Qual é a soma mais provável de ocorrer? Qual é essa probabilidade?

+	•	••	•••	::	:•:	:::
•	2	3	4	5	6	7
••	3	4	5	6	7	8
•••	4	5	6	7	8	9
::	5	6	7	8	9	10
:•:	6	7	8	9	10	11
:::	7	8	9	10	11	12

Lilian Gonzaga

_____

b) Quais são as somas menos prováveis de ocorrer? Justifique sua resposta.

_____

_____

c) Há chance de se obter soma igual a 1 ou 13? Justifique sua resposta.

_____

_____

Estatística: registro de informações em tabelas e gráficos

Uma pousada tem 10 quartos. Em cada quarto, podem se hospedar 1 ou 2 pessoas. Para controlar e organizar a ocupação dos quartos, o gerente registra os dados em uma planilha eletrônica. Observe-a ao lado.

Com base nos dados da planilha, ele elabora um gráfico e o expõe para que os funcionários de limpeza, de manutenção e da cozinha possam organizar os trabalhos.

Veja o gráfico que ele fez:

DIA	QUARTOS OCUPADOS POR 1 PESSOA	QUARTOS OCUPADOS POR 2 PESSOAS	TOTAL DE HÓSPEDES
10	3	3	9
11	6	2	10
12	5	5	15
13	3	4	11
14	2	5	12

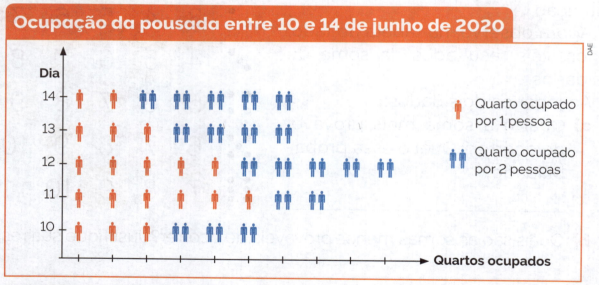

Ocupação da pousada entre 10 e 14 de junho de 2020

Quarto ocupado por 1 pessoa

Quarto ocupado por 2 pessoas

Fonte: Dados do gerente da pousada.

Esse é um **gráfico pictórico**. Nele, as informações são apresentadas por meio de imagens que representam as quantidades que se quer expressar.

Os **gráficos** e as **tabelas** nos possibilitam apresentar informações de forma organizada e clara.

ATIVIDADES

1 Um grupo musical faz *shows* sempre na última sexta-feira e no último sábado de cada mês. Veja, no gráfico a seguir, o número de ingressos vendidos em cada *show* durante o 1º semestre de 2020.

Número de ingressos vendidos no 1º semestre de 2020

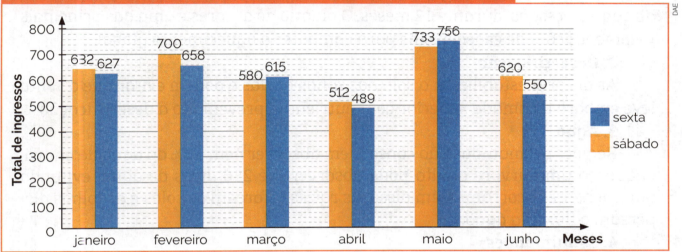

Fonte: Dados fictícios.

a) Analise o gráfico e, no caderno, redija um texto com a síntese da análise.

b) Complete a tabela a seguir com base nos dados apresentados no gráfico.

Número de ingressos vendidos no 1º semestre de 2020					
Janeiro	**Fevereiro**	**Março**	**Abril**	**Maio**	**Junho**
Sexta-feira					
Sábado					

Fonte: Dados fictícios.

2 Faça uma pesquisa sobre a população do município onde você mora. Uma sugestão é procurar informações como:

- total de habitantes;
- distribuição da população por faixa etária;
- extensão da área urbana;
- extensão da área rural.

Depois, elabore, no caderno, uma tabela para apresentar as informações coletadas.

5 motivos para plantar mais árvores

Confira cinco motivos para aderir ao plantio de árvores

1. Aquecimento global

Uma árvore pode durar aproximadamente 4 800 anos e, em apenas em um ano, inala em média 12 kg de CO_2 e exala oxigênio suficiente para uma família de quatro pessoas, durante 12 meses. O plantio de árvores é uma das principais recomendações de especialistas para combater o aquecimento global.

2. Desertificação

As árvores estabilizam o solo nas zonas áridas e podem evitar que o vento leve embora a camada superior com nutrientes, prevenindo a desertificação.

3. Água

Regiões desmatadas não conseguem absorver nem 10% da água da chuva, enquanto uma árvore adulta pode absorver até 250 litros de água, evitando que enchentes ocorram. Além disso, as raízes reforçam os solos e as folhas dispersam o fluxo da água.

4. Comunidades

As árvores e outras formas de vegetação protegem e dão força à vida comunitária. Elas fornecem produtos comerciais, alimento, fibras, resinas e frutos e garantem a vida de milhares de agricultores em suas comunidades.

5. Qualidade de vida

Elas também garantem a descontaminação da atmosfera, nutrição para plantações e oferecem sombra. Considere que muitas cidades recebem indicações de "melhor lugar para se viver" devido à grande quantidade de ruas e locais arborizados.

Mayra Rosa. 5 motivos para plantar mais árvores. *In*: CICLO VIVO. [*S. l.: s. n.*], 25 jan. 2017. Disponível em: https://ciclovivo.com.br/planeta/meio-ambiente/5-motivos-para-plantar-mais-arvores/. Acesso em: 22 abr. 2020.

1 Procure saber, em sua região, quantas árvores foram plantadas nos últimos dez anos.

2 Reúna-se com os colegas e discutam quais ações podem ser propostas para estimular o plantio de árvores na região onde vocês moram.

BRINQUE MAIS

1 Ligue as colunas.

a) ℓℓ∩∩∩IIIIIII

b) ●●●●

c) **XXXII**

d) **XCIII**

e) ℓℓℓℓ∩∩II

f) ℓ∩∩I

g) ▬●▬

422

121

236

93

16

9

32

2 Resolva a adição desenhando as representações do Material Dourado e depois escreva o resultado da operação.

Centena	Dezena	Unidade
□	|	▫

	+		=		
598	+	148	=		

279

3 Complete o diagrama de palavras conforme o número de letras de cada palavra.

4 letras: nono

5 letras: sexto

6 letras: décimo, oitavo, quarto, quinto, sétimo

7 letras: segundo

8 letras: primeiro, terceiro, vigésimo

9 letras: centésimo, trigésimo

10 letras: octogésimo

12 letras: septuagésimo

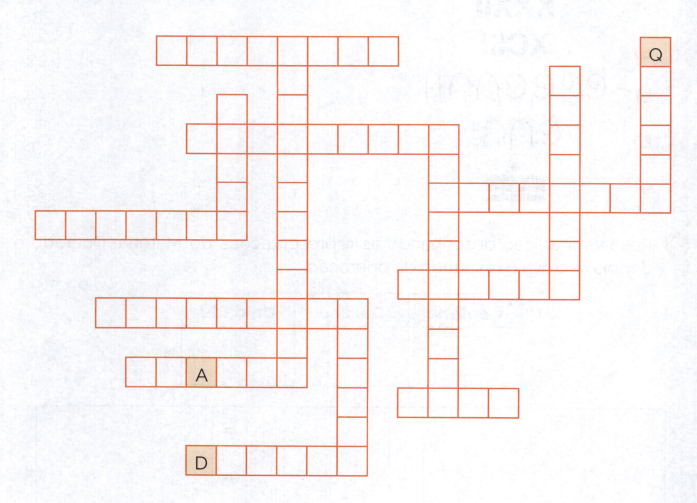

4 Complete as frases e depois procure as palavras no diagrama.

a) O ponto comum aos lados de um ângulo é chamado de _____.

b) O grau é a _____ de medida de ângulos.

c) Para medir ângulos usamos o _____.

d) Um ângulo _____ tem medida igual a 90 graus.

e) Um ângulo _____ tem medida menor que 90 graus.

f) Um ângulo _____ tem medida maior que 90 graus e menor que 180 graus.

g) O _____ é um polígono que tem quatro lados.

h) O triângulo _____ tem dois lados com medidas iguais.

i) _____ é o nome dado ao triângulo que tem três lados com medidas diferentes.

j) Um triângulo _____ tem três lados com medidas iguais.

I	Z	U	N	C	Q	K	L	F	S	G	T	V	I	H	E
S	O	N	E	T	U	S	E	N	U	M	R	É	T	L	I
Ó	B	I	I	Z	A	U	B	L	P	E	A	R	L	R	E
S	U	D	F	E	D	I	O	R	E	S	N	T	A	O	Q
C	B	A	Y	B	R	N	R	E	T	O	S	I	O	O	U
E	X	D	P	R	I	K	R	L	I	F	F	C	R	K	I
L	J	E	A	I	L	N	P	O	O	S	E	E	H	E	L
E	O	S	G	O	Á	O	O	B	T	U	R	O	B	Y	Á
S	R	N	U	R	T	T	M	S	E	A	I	B	E	R	T
B	G	Y	D	E	E	A	S	P	S	R	D	G	R	A	E
H	O	K	O	T	R	O	B	T	U	S	O	B	T	L	R
S	C	P	I	Z	O	U	B	L	P	E	R	O	L	R	O
K	F	S	P	E	S	C	A	L	E	N	O	B	R	K	O

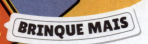
5 Luciana comprou uma *pizza* para comer junto com seu irmão Lucas. Veja:

a) Lucas comeu dois pedaços de calabresa e um de muçarela. Represente a quantidade de *pizzas* que Lucas comeu usando uma fração. _____

b) Luciana comeu um pedaço de cada sabor. Represente a quantidade de pedaços que ela comeu de cada sabor usando uma fração. _____

c) Qual fração da *pizza* os irmãos comeram juntos? _____

d) Qual fração de *pizza* sobrou? _____

6 Rita comprou um *kit* com perfume, sabonete e xampu para dar de presente a uma amiga. Todos os itens desse *kit* vieram dentro de uma caixa, na forma de um bloco retangular, como mostra a figura.

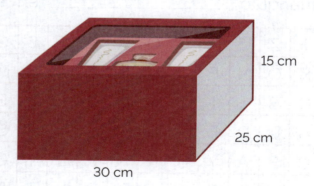

15 cm

25 cm

30 cm

Chegando em casa, ela resolveu enfeitar mais a embalagem passando uma fita adesiva azul em volta da caixa, como mostra a figura.

Se só houve sobreposição da fita nos cruzamentos, quantos metros de fita azul foram utilizados?

_____

7 Pinte os polígonos na malha quadriculada e depois escreva o nome e o número de lados e vértices.

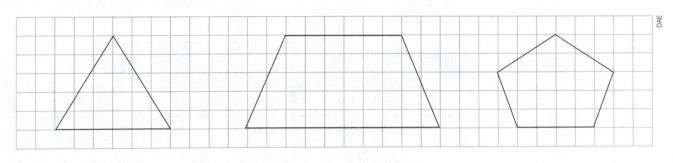

_____

_____

_____

8 Construa um gráfico com a variação da temperatura, apresentada na tabela a seguir, de uma cidade registradas durante um dia.

Hora	6h	9h	12h	15h	18h	21h
Temperatura	8 °C	13 °C	20 °C	18 °C	16 °C	13 °C

Gráfico

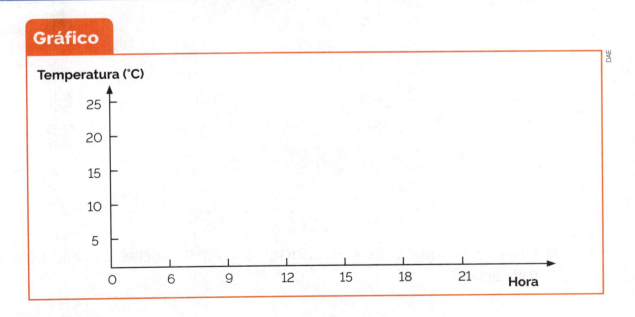

9 Marcos e Luana estão brincando de par ou ímpar. Quais são as chances que cada um deles tem em uma jogada?

_____

10 Em uma manhã na banca de frutas de seus pais, Tomás contou quantas unidades de algumas frutas foram vendidas naquele período. Observe no quadro suas anotações.

Fruta	Quantidade vendida	Valores
abacaxi	24 unidades	R$ 10,50 por 3 unidades
pera	30 unidades	R$ 9,60 por 5 unidades
maçã	42 unidades	R$ 9,00 por 7 unidades
melancia	12 unidades	R$ 52,90 por 4 unidades
banana	60 unidades	R$ 5,50 a dúzia

Além das anotações, Tomás fez um gráfico pictórico para representar as frutas que foram vendidas. A fim de facilitar essa construção, ele montou uma legenda, atribuindo um número a cada fruta. Por exemplo, um abacaxi colorido no gráfico vale 3 unidades de abacaxi.

a) Pinte as frutas no gráfico pictórico a seguir para representar a quantidade vendida de acordo com a legenda.

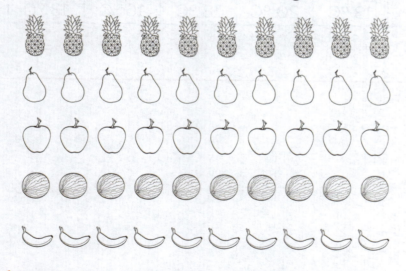

b) Qual foi o valor total das vendas somando todas as unidades de frutas vendidas?

Prisma hexagonal

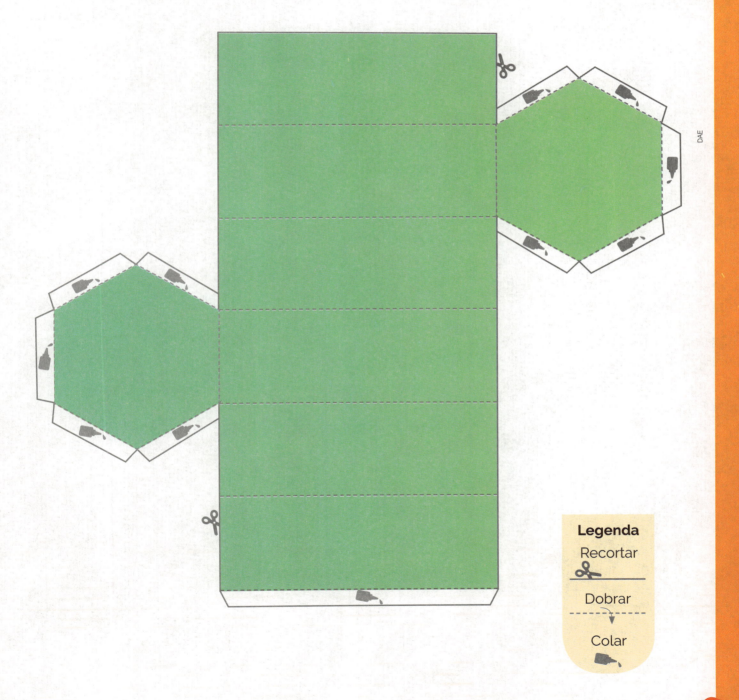

Legenda

Recortar
✂

Dobrar
----→

Colar

Pirâmide de base triangular

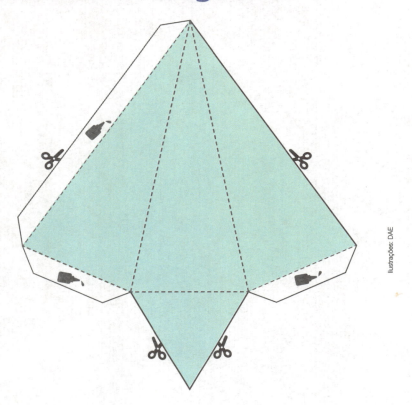

Pirâmide de base quadrada

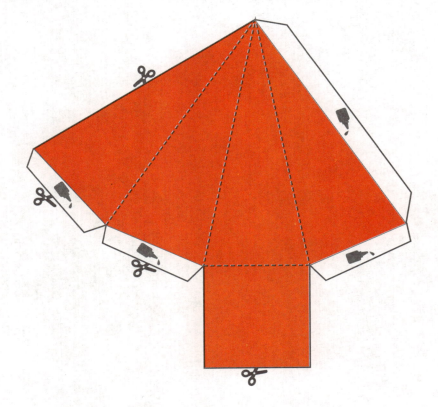

Ilustrações: DAE